景仰賢達
同心同德
科學民主
繼武前行

壬辰夏 韓啓德

摄于家中（2012年）

指导博士生李湛（20 世纪 80 年代）

乘船过葛州坝船闸时留影（1987 年）

参加“胜利二号”下水典礼（1988 年 9 月）

在全国政协会议上发言（1991 年）

与上海造船工程学会理事长程望合影（1991 年）

与全国人大副委员长、九三学社中央主席吴阶平院士合影（1991 年）

与张煦（左）张钟俊（右）合影（1995 年），1980 年三人同时被选为院士

乘气垫船考察郑州附近黄河浅滩（1996 年 9 月）

在上海交大“1997年毕业典礼”主席台上

在海边（20世纪90年代）

2010 年 6 月 20 日杨槱院士《人、船与海洋的故事》首发暨奖学金捐赠仪式

英国格拉斯哥大学校长授予杨槱荣誉工学博士

九三学社人物丛书

杨 檩 传

刘长水 著

學苑出版社

图书在版编目（CIP）数据

杨檟传／刘长水著．—北京：学苑出版社，2012.9

（九三学社人物丛书）

ISBN 978-7-5077-4083-7

Ⅰ．①杨…　Ⅱ．①刘…　Ⅲ．①杨檟－传记

Ⅳ．①K826.16

中国版本图书馆 CIP 数据核字（2012）第 185783 号

责任编辑：方晓喆
封面设计：智行东方
出版发行：学苑出版社
社　　址：北京市丰台区南方庄 2 号院 1 号楼
邮政编码：100079
网　　址：www.book001.com
电子邮箱：xueyuan@public.bta.net.cn
销售电话：010-67675512、67678944、67601101（邮购）
印 刷 厂：高碑店鑫宏源印刷厂
开本尺寸：787×1092　1/32
印　　张：7
字　　数：111 千字
版　　次：2012 年 9 月第 1 版
印　　次：2012 年 9 月第 1 次印刷
定　　价：17.00 元

总 序

九三学社是在中共抗日民族统一战线政策影响和感召下，于抗日战争后期成立的，她参与新中国的建立，成为在中国共产党领导下爱国统一战线中八个民主党派之一。在共和国成立以来的60多年里，九三学社始终弘扬爱国、民主、科学的传统，与中国共产党风雨同舟，共同探索中国特色社会主义政治发展道路，在国家建设、改革、发展征途上留下了闪光的足迹。在此历史进程中，九三学社发展成为拥有13万多名社员、组织比较健全、有较强参政能力和较高社会地位的政党。

九三学社走过的历程，是一部无数优秀人物引领广大同仁一往无前、执著追求的奋斗史。抗日战争时期，面对国破家亡、山河破碎，九三学社创始人或多方奔走，参与抗日，或介绍新知，宣传救国。解放战争时期，面对独裁专制、民不聊生，九三学社同仁或大声疾呼民主，反对暴政，或积极主张科学，倡导革新。新中国成立后，面对百废待兴的局面，九三学社同仁和全国人民一起殚精竭虑、奋斗不止。九三学社各个时期旗帜性人物身上体现出的崇高风范和优秀品质，是我社最宝贵的精神财富。回顾九三学社的历史，我们有勇往直前、舍生取义的革命家和社会活动家，有淡泊名利、刻苦钻研的科学家，有不畏权势、追求真理的人文学者，有忍辱负重、甘为人梯的教育工作者……他们共同铸就了九三学社一以贯之的灵魂——爱国、民主、科学，九三学社的优良传统在他们身上得到最好的诠释。

九三学社中央一直重视整理保存社史、发挥社史资政育人的作用，2007 年又启动了以史料抢救和整理为重点、包括七个方面内容的社史工程。几年来，社史工程取得了显著成绩，《社史研究通讯》的编辑出版、社史专题片的拍摄、口述史工作的启动、社史文物收集等各个方面都有不同进展。“九三学社人物丛书”作为社史工程的一项重要内容，经过各方面辛勤的努力，也结出了丰硕的成果，第一批图书已完成了撰写、编辑，即将出版。这套丛书选取九三学社重要创始人、早期著名社员、历任社中央领导，以及在本人所从事领域里取得突出成就的旗帜性人物，力图以翔实的史料和平实的语言再现前辈先哲们曲折丰富的人生历程和绚丽夺目的光辉业绩。我相信，丛书的出版必将激发我社成员和广大读者继承他们的优良传统，体会他们忧国忧民的赤子情怀，感受他们坚毅从容的人格风范，学习他们精益求精的科学精神，为巩固、完善和发展中国共产党领导的多党合作和政治协商基本政治制度，为中华民族的伟大复兴，做出更大贡献。

是为序。

韩启德

2012年8月

目 录

第一章 薪之槱之的呼唤

第一节 孙炳文为杨槱取名

1917年10月17日，杨槱出生于北京一个不久前从江苏句容迁来的年轻书生家庭。这座城市，六年前中国最后一个皇帝刚被拉下马，又迎来混战迭起的北洋军阀统治。

杨槱祖上并非名门世家，向上推只知三代，曾祖父是江苏南通的编席工人，因灾荒逃亡江南，不幸病死途中。曾祖母携带小儿，乞讨为生，被句容县寨里村一杨姓人家收养。祖父杨声远，幼年是个放牛娃，每次路过私塾，便爬下牛，好奇地扒着窗口偷听讲课，终于有一次被私塾先生抓住考问，他竟能回答出课堂里学生答不了的问题。先生大为惊奇，又慈悲为怀，秉承了孔子“有教无类”之古训，破例免费收他为徒。此一善举，改变了放牛娃及其家庭的命运，后先生把自己的全部学识和技能传授给他。再以后，放牛娃居然长成为当地闻名遐迩的乡村私塾先生。

父亲杨宗炯在祖父的私塾读了八年书后，先后考入句容县高级小学和江宁府中学。随后，考入京师大学堂（北京大学前身）预科。清朝末年，由同学孙炳文介绍，参加了孙中山先生领导的同盟会，从事反清活动。

1911 年辛亥革命结束了中国千年帝制，但外强的凌辱、军阀封建礼制的沉重枷锁仍压抑着古老的中华民族，一批早期走出国门睁开眼睛看世界并力主引进西方文明的知识分子，正酝酿着改变整个中国历史进程的新文化运动。帝国主义列强凭借着船坚炮利远涉重洋入侵中国，唤醒了不同阶层有识之士富国强兵的梦想与追求。

“五四”运动后，孙中山于 1924 年在广州组织大本营，杨宗炯毕业后作为一名热血青年奔赴革命大本营追随孙中山。孙中山任命他为法制委员会委员，其任命书至今还存放在中国国家博物馆。杨宗炯属国民党元老派，北伐时期他担任武汉卫戍司令部执法处处长，新中国成立前夕做过江苏审计处处长。新中国成立后，他曾任江苏省南京市民革副主席、市政协常委。

母郭定权，从事家务。

兄妹八人，杨槱为老大，下有四弟三妹。

童年时代，杨槱常喜欢缠住父亲问各种问题：“爸

杨槱父母（杨宗炯、郭定权）照片

爸，大轮船为什么会自己开啊？”他手中有一本载有轮船插图的书，是父亲的一位朋友所送，他对此爱不释手，有不懂之处，非得让百忙中的父亲说清不可。父亲告诉他，船里装着大机器，人操纵机器，船就开了。“什么是大机器啊？”父亲只能放下手中的事情，一直回答到小杨槱满意为止。

“这本书对我影响很深，”杨槱回忆道，“许多问题常常萦绕着我，不断的提问，一次次地激发了我对船的浓厚兴趣。”

幼年时代的某一本书，或是某一个特定兴趣，有时甚至会决定人生的道路。

杨槱童年正值大革命时期，那时杨家在广州与中共早期领导人孙炳文一家是邻居，孙炳文是父亲北京大学的同学，杨槱眼中的孙炳文俨然像父亲一样是一位令人钦敬的长者。

孙炳文（1885—1927），四川南溪人，1908 年考入京师大学堂，早年接受资产阶级民主革命思想。1917 年结识了时为滇军将领后为中共领导人的朱德，救国救民的共同志向使他们成为莫逆之交，他们同赴马克思的故乡德国考察学习。1922 年孙炳文和朱德在德国柏林由周恩来介绍加入了中国共产党。1925 年孙回国投入大革命运动，先后任国民革命军总政治部秘书长、总政治部后方留守处主任。1927 年“四一二”蒋介石反革命政变后，由于叛徒泄密被捕，4 月 20 日在上海龙华被敌人杀害，时年 42 岁。

孙炳文的几个孩子与杨年龄相仿，同在中山大学附属小学读书。杨槱清晰地记得，上小学那年，父亲特请老同学孙炳文为孩子取学名，孙炳文就选了“槱”字，这是个很少有人识得的古字，以至多年后杨槱每次去邮局发电报必会遇到难题。《辞源》中注释为“槱，聚积”。《诗 · 大雅 · 棫朴》：“芃芃棫朴，薪之槱之。”杨槱，寓意这骄杨将来要聚积到时代的大洪流中去燃烧，发光、发热！

第二节　初见大海

1926年中国处于大动荡的年代，杨宗炯随着北伐大军攻克武昌，随即写信让广州的全家去团聚。

9岁的杨櫆第一次登上钢铁的轮船，第一次看到浩瀚无际的大海，海的壮阔和轮船的颠簸，是那样深刻地留在他的脑际，以至于几十年后仍未能忘怀。

70年后，当他早已成为一位船舶专家后，他还记得，教他懂得铁为何能浮于水面的启蒙者，还是当年在轮船上对话的几位妇女。

那时杨櫆随家人搭乘三北公司的“飞虎”轮，从广州去上海，这是一艘兼载旅客的货船。那天天气晴和，乘客都在甲板上观看珠江两岸景色，忽听有人说：“那就是孙中山培养革命军人的黄埔军校。”周围人表示了一种好奇与崇敬之情。这时，有一位青年妇女忽然说：“我感到很奇怪，这船是铁造的，而且到处是铁制的东西，这么重的分量，怎么能在水中不沉呢？”一位老年妇女训斥她：“不要瞎说这不吉利的话！”这时又一位年轻女士解释说：“铁脸盆不是也能漂浮在水面上吗？盆中装些东西，脸盆也只是下沉一些，只要脸盆的边缘高于水面，就不会沉没。”

几十年后，当杨櫆成为一名著名造船教授，当他对交通大学学生讲第一课“船舶概论”时，讲台上的教具是——面盆的水面上浮着一只铝制的饭盒。

命运的安排常常是如此耐人寻味，少年的杨槱第一次登上大轮船时并不曾想到，他的一生与轮船会有不解之缘，而当杨 80 岁以后，回忆起少年时代的往事，最令其不舍的情节总是离不开汹涌奔腾的大海与钢筋铁骨的轮船。

1932 年，动荡与战乱笼罩着中华大地。“一·二八”事变，日本侵略上海，十九路军英勇抗敌，3 月初战事结束，15 岁的杨槱第一次登上了远洋轮船去香港。

这是一艘美国“麦金利总统”号客货船，只设头等和四等两种舱位，杨槱全家乘的是四等舱，该舱设在船尾部的甲板下。

当船驶经吴淞口时，突然看到几艘日本军舰及一艘尾挂日本国旗的货船迎面驶来。看到帝国主义在我国耀武扬威，一种突然的悲愤感油然而生，“船坚炮利”富国强兵的作用深深地扎入少年杨槱的心中。

第二天中午发生了一件意外，航行中的船突然停了下来，忽听人声鼎沸：“有人跳海自杀了！”只见两个船员奋不顾身跳下海去救人，船上人们急急忙忙放下救生艇。不幸的是，艇落下时竟正好砸在两个见义勇为的船员身上，把他们统统给压死了，而自杀者却被救了上来。日后杨槱回忆道，在经济萧条的时代，各种原因自杀是常有的事，“但两个船员英勇救人却不幸殒命的情节，却永远留在了我的心上”。

船到香港后，再搭乘一家民营轮船公司的“东安”轮去广州。在大舱内，上百人每人一只躺椅，在过道上，不断有人叫卖食品、杂货，还有人讲故事、唱地方戏，煞是热闹。但少年杨槱此次却对轮船的航运效率有了最初的兴趣。

这家轮船公司拥有“东安”、“西安”两艘客货轮，它们各载重几百吨，货物可在半天内装卸完毕，每艘船两天可完成一个往返航次，所以只要两艘船就能保证每天都有省、港两地的船开出，经济效益很高。相比之下，当时英商太古公司拥有“龙山”、“泰山”等更大的客货船，虽然船速较快，但夜航一晚后，过早到达对搭客反而不便，再者所载的上千吨货物，全靠人力装卸，需要一整天时间，这样要三艘船才能保证省、港两地每天都有一班船开出，反而不经济了。半个世纪之后，当杨槱成为中国航运经济学的专家时，他说：“这是我对经营航运和选择船型的一个最初认识吧！”

1933 年，杨槱第一次登上加拿大太平洋轮船公司“亚洲皇后”轮从香港去上海，这艘豪华客轮使青年杨槱又一次看到了当时社会的缩影。

这艘船载客千余人，半数为四等舱旅客，乘客大多数是回国华侨，上百人挤在一个住舱内，空气混浊，一些人不拘小节，在洗脸盆中洗脚。舱内有一个较大的餐厅，每天晚餐之后，几张大桌子上摆好了赌具，每桌有一个摊主，都是满脸横肉的大汉，他们手抓一大把围棋棋子，随即用一只大碗盖上，然后叫赌客下注，把钱押在桌子上面画有 1、2、3、4 的格子内，然后摊主用一根筷子，每次拨出四粒棋子，最后剩余几粒，就是哪一格中彩，其余几格就输掉了。这样的赌博，伴随着嚎叫、烟味与汗臭，一直到深夜。杨櫆道："一些老华侨一生在海外辛苦劳动所得，在船上一夜便挥霍殆尽。船上不时走过一些浓妆艳抹的妇女，听说她们是妓女。在当时，烟（鸦片）、赌、娼是华人之害，也是海外华人的耻辱，其中体现了外国恶棍对华人的剥削。"

第二章　格拉斯哥大学岁月

第一节　走出国门

杨槱的中学时代是在广州的培正中学度过的。那时一放学，他就喜欢到江边，遥看轮船驶过，他便和同伴们对着轮船大喊："大轮船开过来喽！"而后跟着船跑上几步。当时许多船是外国所造，特别是几艘挂着日本国旗的船舶耀武扬威驶来的场景，给少年杨槱带来极大的震撼。

在广州培正中学

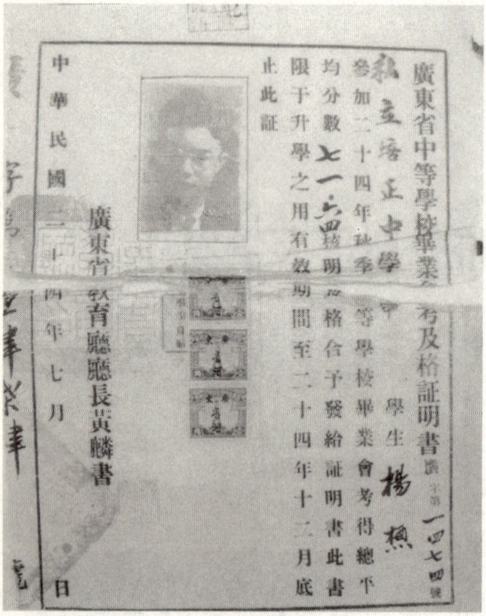

廣東省中等學校畢業會考及格証明書 廣字第一四七四號
私立培正中學 學生 楊櫄
參加二十四年秋季中等學校畢業會考得總平
均分數七一·六四核明及格合予發給証明書此書
限于升學之用有效期間至二十四年十二月底
止此証
廣東省教育廳廳長黄麟書
中華民國二十四年七月 日

1935 年广州培正中学毕业会考及格证书

有一次学校要求每个学生自拟题目写一篇论文，杨槱写的是《广东造船史》，题目的口气让旁人吃惊。从此时开始，他已在心中默默地立志把一生献给造船事业以报效祖国，这是杨槱人生中的第一篇论文，想不到几十年后，杨槱成了中国的船史专家。

1935 年，杨槱中学毕业。早年追随孙中山先生革命、后又亲眼目睹中国国运衰微的父亲，把富国强兵的希望寄托在儿子身上，在亲友的一致提议下，决定自费送杨槱去英国读大学，选择的方向，则是杨槱早已向往的造船业。

18 岁的杨槱初出国门，第一次踏上了难忘的海上远洋之旅，眼前的一切都是那样新鲜与好奇：

在香港，杨槱乘上意大利客船“康梯·凡尔第”号。这是第一次世界大战结束后，英国首批建造的大型客

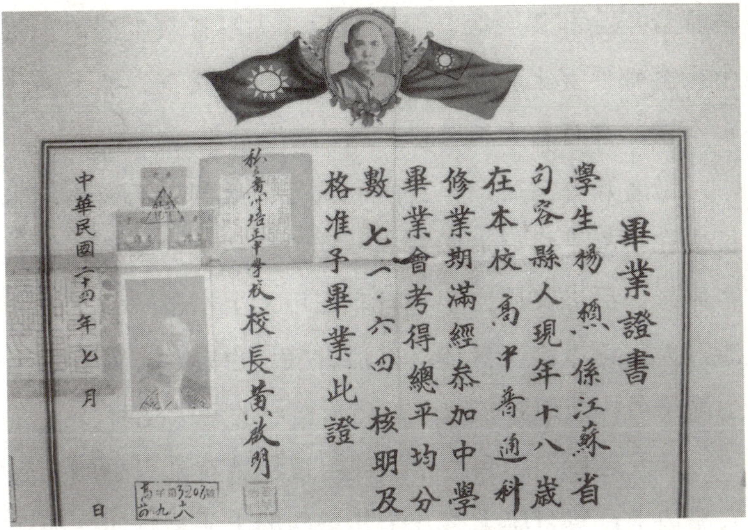

1935 年广州培正中学毕业证书

船。船上客舱分四个等级，头等舱在船中部的上层建筑内，休息厅、餐厅和住舱都十分豪华精致；二等舱设在船尾部；三等舱也称经济舱，在船首部的下层甲板上；四等舱是船尾下部为搭载贫穷的亚洲人专设的简陋住舱。杨买的是经济舱票。住舱和餐厅都在下甲板，一间住房内有 4 个上下铺位和 2 只洗脸盆，厕所浴室则是公用的。那时船舱内还没有空调，只有机械通风。每个房间都有一个舷窗，在天气晴和时把舷窗打开，再装上风斗，通风条件即大为改善，即使是在热带航行，也感到室内的空气是清新的。甲板上有一间很好的休息室，也是娱乐室，平时可供旅客下棋、玩桥牌，周末则在这里举行音乐会和舞会等。船出航后，先举行救生演习，每个乘客都要穿上救生衣，到指定的地点集合。船上的伙食不错，富有意大利风味。

船离开香港后，一直向南航行。天气趋于炎热，船员们在甲板上搭好遮阳篷，并摆好一排排的躺椅，供旅客休息。后来又用支架和帆布在甲板上搭了一个小游泳池，大家可以湿湿身体，以消暑气。也有几个人在这个小池子内快速地游来游去，显示自己的游泳技能。

三天之后，船到达新加坡，很快就有几只划艇来到大船边上，每只艇上有几个儿童向船上旅客喊叫，随即有人向水中抛掷银币，儿童们便争着跳下海去，把钱币捞起来，这也算是当地的一景。船靠码头后，船方就安排旅客上岸游览。大家除了领略热带自然风光和英国人在岸边建造的殖民地纪念性建筑外，还参观了动物园，在那里杨第一次见到斑马和长颈鹿。后来又到市区观光，华人店铺很

國民政府西南政務委員會國外留學證書

1935年国外留学证书

多，但规模都不大。陈嘉庚是那里经营橡胶业的巨商，他的公司由于经营管理落后，又受到西方巨型橡胶公司的排挤，已经处于十分困难的境地。

船继续在印度洋上航行。在海中可见到各种各样的鱼，有一种似乎长了翅膀，能够在水面飞行。有时看到海鸥随船飞行，估计不远处有岛屿。第一次出国远航，“总觉得大海茫茫，一无所见，非常孤单”，这是杨当时的感觉。古今闻名的马六甲海峡上的海盗，在那个时期似乎已经绝迹，因为没有人谈起，船上也没有任何防范。过了四天，到达斯里兰卡（当时称锡兰）的首都科隆坡。那里有世界著名的植物园。船客还驱车去古城康提，这是一个佛教圣地，但庙宇破损，而且乞丐成群，这当然是贫穷落后的象征。回程时见到一群大小不等的象在一条小河中沐浴，象的主人收一点费用，让游客骑上大象摄影留念。

此后向北行驶了三天，气温丝毫没有降低，最后到达印度最大的港口城市——孟买。杨访问了圣雄甘地的住宅，实际上不能进入参观，只能在外面转了一会，表示对他的敬仰。随后在一个高坡上看到了可能是世界最大的手工洗衣场。几百个人在那里把衣服放在石头上搓和敲。导游可能想引发旅客的神秘感，还带大家去看一个“天葬园”，人死后尸体放在园内让大鸟去吃。

1935年在赴英国的海轮上

离开印度大陆，进入了阿拉伯海。四天以后经过亚丁进入红海，仍然是波涛汹涌，但大家已经习惯，不再晕船了。这船每天航行约400海里，在头等舱大客厅的舱壁上挂有一张包括中国东海、南海、马六甲海峡、印度洋、阿拉伯海、红海和地中海海域的大地图。每天船的位置就标注在这张图上，旁边还注有当天航行海里数。船上每天发行一张报纸，报道世界重要新闻。船上有一位摄影师为旅客摄影和冲印照片，收费不高，因而受到人们的欢迎。但有个船医则强迫旅客检查身体，并收取检查费。大家认为这是敲竹杠，当然他也会给你一张盖了章的检查结果。

在孟买有一大批印度学生上了船，多数是到英国去进修的，也有少数人去德国和法国。他们在外国得到一个学位，回国后可以提高“身份”，比较容易找到合适的工作。但杨后来知道，实际情况并非如此。当时印度在英国的统治下，经济发展缓慢，不少拥有学位的留学生回国后长期失业。

在闷热的红海航行三天后，到了苏伊士运河入口处，那里船只多了。船在运河中航行时，船首临时挂了一个平台，一方面是为了安放过运河用的探照灯，另一方面也是为了便于近距离观察水面情况。运河中的船舶一般是结队航行的。在运河中段的一个地方要靠边等对面来的船队通过后，再继续前进。运河的北端是埃及的最大海港——塞得港。旅客只能在港区浏览一番，港区附近的店铺和地摊上主要卖衣帽和土特产纪念品。这里的骗子和小偷是出名的，船上就有人花了不少钱，而买回来的大多是废物。

此后，就在地中海向西北方向前进。气温逐渐降低，海上风浪也不小，人们都回卧室休息，只有少数人仍在甲板上观看海景。在意大利停泊的第一个港口是布林的西。入港时见到两岸碉堡林立，这是一个军港，因此不许登岸。船短暂停泊后，又开航了。过了一天就到达终点港口——威尼斯。“这次海行使我开阔了视野，第一次对长途海行有了感性认识”杨槱道。

第二节 初次接触欧洲文明

威尼斯是马可·波罗的故乡，古代著名的航海城市。市中心圣马可广场和教堂是古建筑的集中地。走进教堂，墙壁上都是古代美术大师所绘的精美绝伦的壁画。有位老人一边观赏一边赞叹，并对杨槱说："花几个月仔细品赏也不为多。"

这是一个水城，河道纵横，因此城内交通主要靠船只，"冈多拉"（gondola）是当地一种独特的狭长摇橹游览船，可载三至五人。驾船者在船尾操纵架支在舷边的一枝橹，船便进退自如，转动灵活。橹是一种效能较高的船舶推进工具。它始终在水中运动，左右摇动就能产生前进的推力，如橹叶转一个角度则产生侧向推力，使船转向。划桨则每划一次都要把桨提出水面，连续性较差，效率不如橹。撑篙则每撑一次船工都要从船头边走边撑直到船尾，然后把篙提起来，再走回到船头，把篙插入河底再撑，效率更差，因此俗语称"一橹三桨，一桨三篙"。

杨槱还到威尼斯附近举世闻名的"丽都"（Lido）海滨胜地去游览。那里海岸线开阔，沙滩绵延，令人心旷神怡。杨在一个小餐馆吃了一顿简单的晚饭后就回市区搭火车去德国了。

当时杨有一个亲戚在德国慕尼黑高等工业学院进修。他约杨去那里玩了几天。火车停的第一个大站是米兰，可惜在夜间未能领略这座名城的风貌。火车夜间行驶，只觉得在山间盘旋。第二天醒来已是德国境内，很快就到达德国南部大城市慕尼黑。

杨参观了著名的德意志博物馆。该馆是30年代初在德国工业界的支持下建成的，规模宏大。其中的煤矿部分建在地下，使参观者犹如身临其境。船舶部分则展出了世界上第一艘实用的攻击型潜艇。音乐展览厅也颇有特色，厅内陈列了古代宫廷乐队所用的各种乐器和著名音乐家们用过的乐器，还能定期举行音乐演奏。欧洲音乐先是在意大利和法国兴起，但德国后来居上了。

在一个周末的晚上，杨去了当地著名的庭院啤酒馆。大厅内有成排的长条桌子。大家先是饮酒聊天，偶尔也有人兴致盎然放声高唱，很快厅内客满，人们的情绪愈来愈热烈，最后酒客们互相挽起手来齐声歌唱，显示了德国人的豪放性格。这个酒店地下的一个房间曾是德国纳粹党人最初集会的地点。历史无情，往事一幕一幕地迅速消失了。

从慕尼黑北行，穿过大半个德意志，沿途风景优美，特别是沿莱茵河行驶时见到河上各类船只川流不息。河边也有公路，车辆频繁往来。在经济发达地区，铁道、公路、水运三者并行不悖。河边上还建有一些雄伟而挺秀的古代城堡。

下午进入荷兰境内，过境时边防、海关人员上车到每个车厢对每个旅客检查护照和所带钱物，手续简便快速。荷兰境内一片平整的田野，傍晚时居然看到了不少大风车。最后到达鹿特丹外的港口“荷兰岬”(Hook of Holland)。那时已日落西山，随即登上一艘海峡渡船。杨被带到一间单人卧室，房间虽小，但很精致舒适。特别是服务员很热情，使人感到温暖。由于一日旅途疲劳，杨槱很快就入睡了。第二天早晨，有人把他叫醒，船已到达英格兰的哈威奇港。随即乘火车去目的地——苏格兰的爱丁堡。

第三节　四个月奋战考入大学

拥有中世纪乔治式街区的爱丁堡，被公认为欧洲最漂亮的首府之一。爱丁堡城堡中最古老的圣玛利特礼拜堂，可以追溯到公元12世纪的印迹，但求知强烈的杨槱对此却无暇顾及。到了英国，才被告知必先通过苏格兰大学的统一考试，才能入学。幸好当局承认其国内的高中学历，只要考英语和数学，并指定要熟读三本英国文学著作，还提供了几本代数、几何、三角教科书供复习之用。与此同时，杨櫄去了爱丁堡大学作为旁听生，选读了数学、物理、化学和热工学四门课。经过四个月的日夜攻读，杨终于通过了入学考试，而且大学整整一个学期旁听的学习成绩优秀，使他信心倍增。当时苏格兰只有格拉斯哥大学设有造船系，于是他决定奔赴格拉斯哥大学。从这一步的跨出，杨櫄开始了一生与造船结缘的道路。

有时生活中一件微不足道的小事，会使人经久难忘，或许竟会引发了事业发展的轨道，成了人生历史长河的源头。杨櫄难以忘怀的学习驾船的第一课是在格拉斯哥大学开学前的愉快的夏令营生活中。

杨櫄后来在回味半个多世纪的造船之路时，感慨道："我驾船的第一课还是在英国苏格兰一个小村庄的游历途中呢！"格拉斯哥大学在开学前为新生举办为期一周的夏令营，营地在苏格兰西部的一个叫"长湖"海湾的庄园内，杨乘小汽艇进入那个狭长的海湾，带队老师对他说："你到船头去看着水的深浅，浅时就抛锚。"杨兴奋异常，专注着湖底，看到小船划开碧波，渐渐地连水底的石头都能看清，便重重地抛下锚，这时机器和螺旋桨还在转动，船仍拖着锚前进。这时老师急忙停船，并严肃地对他说："以后抛锚，必须预先通知舵手！”老师的告诫如雷贯耳，“对我震动很大，想不到这么一句话，令我几十年都不能忘怀。”杨说。

第四节 “三明治”式的大学生活

格拉斯哥大学建于1451年，可谓历史悠久，但工学院是从1840年开始建立的。1806年大学曾授予蒸汽机发明人瓦特（James Watt）名誉博士学位，工学院所在大楼称为瓦特楼，1935年杨槱入校时学校实验室仍保存了瓦特用过的工具和机器零件，瓦特成为学校师生共同的荣誉和骄傲。工学院设有土木、机械、电机、造船等系，共有学生300多人，一年级学生有100多人，而

与老同学贝尔序在母校格拉斯哥大学主楼前留影（1982年）

到四年级就不足50人了，可见学生流动与淘汰的比例是比较高的。

注重实践和动手能力培养是该校的一大特色。工学院的教学安排每年一半时间在教室上课，一半时间要到工厂做学徒工，这也是由于当时苏格兰工业界对工程师的要求，学生不仅要有大学毕业文凭，还要有工厂学徒工满师证书。这种半年上学、半年做工的学习安排被当时人们称为“三明治”制（sandwich system），就是“夹心面包片”制。

大学对每天的学习安排是上午课堂讲授，下午实验与制图作业。“我经常一个下午做两个实验，”杨槱晚年深情地怀念那段学习生活，“写实验报告则是晚上的事了。我的化学定性分析成绩较为突出，窍门就在于操作仔细、观察敏锐。但也有失误，有一次我去启动电动机，拉下电闸，只见火花四溅，并有异声，只好立即关闸，教师赶过来，告诉我开电动机应逐渐增大电流，电闸不能一下拉到底，突然投入大电流。真是不亲自动手做，许多实际知识是学不到的呀！”

独到的奖励制度化作催人奋进的精神力量，格拉斯哥大学几乎对每一门课程都建立奖学金，杨槱回忆：“奖学金数目虽不大，但可供学生买一些书籍和仪器，还附有一张有教授签名、可贴在书的首页上作为纪念的纸片，说明你考试得了第一名。我也得过几张。由于大家都想得到这种纸片，因此同学间的竞争是很激烈的，除了考试争第一名外，实验报告、制图作业等也力求精致、准确、胜人一筹。例如在进行船体强度计算时，要使船舶重量与浮力相等，并且把重心和浮心的纵向位置对准。这一点，我做得比别人好，结果得到的剪力曲线和弯曲力矩曲线在船的首尾两端均为零值。而别人得到的总差一点，这样我就得到教授的称赞。我认为作为一个工程师，精益求精、不断进步是基本的要求。”

第五节　在 Barclay Curle 造船厂实习

1937 年夏，20 岁的杨槱以学徒工身份第一次进入格拉斯哥西区 Clydeholm 地方的 Barclay Curle 造船厂实习，他一进厂就被安排到放样间工作。放样就是按设计图纸，以十足尺寸进行船体型线和构件的放大工作。船体型线放大后，略作修改，使其光顺，并把每档肋骨的形状用画线刀刻画在放样间一隅的地板上。以后船体构件的样板就根据地板上的肋骨形状制造。开始时，他一窍不通，只能跟着老师傅做一些诸如拉线、打格子、打地钉把木样条固定、画线和钉样板等简单工作。半年后，他就会自行光顺船体型线和做一些简单的样板了。

有时杨也跟老师傅到船台上检查船体装配质量，校验船体结构实际尺寸，结果误差不超过 1.5 毫米，可见铆钉船的制造和装配的精度是比较高的。

很快杨就和船厂的许多徒工混熟了，“他们的言行虽较粗俗，但心地善良。”杨这样认为。当时工厂老徒工对新徒工都要来一个“下马威”——新进厂徒工的脸部和身上要被涂满油漆。但他们对这位中国学生特别优待，没有那样做。船厂里的重活脏活都交给徒工们去做，因此徒工们抱怨说：“干活的是徒工，拿钱的却是老师傅。”

夏天，船厂有两周假期，工人们都想在度假前多挣一点钱，船厂也就多安排一些工作加班加点，但工伤事故也就在这时频繁发生。有次一艘正在装配的客船上的一个铆钉作业台架突然倒塌，导致三个工人连同烧铆钉的炉子坠落舱底，三人顿时丧生，大家看到高架吊车把他们的尸体一个个地吊出来时，感到一阵寒心和悲哀。

在假期，青年工人都到海滨的旅游胜地去结交女友，参加各种有趣的娱乐活动，也拍了一些照片留念。回厂后，大家就相互交谈自己的奇遇乐闻，往往讲几个月还有事讲。工人们感慨道：“我们的生活就这样一年一年地度过了。”

第二年杨槱被安排到造船木工（shipwright）车

间。这是过去造木帆船时代船厂的主要工种，在造钢船时，造船木工的工作除了铺设木甲板外就是装配船体设备和配件了。这个夏天杨跟一个名叫 Gillespie 的老工人干活，也住在他家里。这个家庭有老夫妇和一子一女共 4 人，主妇是家庭妇女，常和杨聊天。她每天挂在嘴上的一句话是：“女人的活没个完！”早上她为全家做好简单的早餐，发给每人 4 片大面包，内夹有奶酪和甜果酱，有时也夹有炒蛋和火腿，还有一包茶叶。杨在船厂到上午 10 时左右就用一个铁罐泡茶，吃两片夹心面包，中午工休时再吃一次这就算午餐了。晚上 6 时左右大家陆续回家，女主人已准备好称为“傍晚茶”（high tea）的晚餐了，也只有一个荤菜，外加面包、奶油、果酱和茶。这个家住在郊区的一组四层楼的工房内，一套只有两间房，一间大的既是厨房、吃饭处所，又是他们一家 4 人的卧室。一间小的是客厅，租给杨住用。厕所中有一个洗脸盆，但没有浴缸，因此洗澡只能去公共浴室。由于当地天气不热，家人很少出去洗澡，平时在家用水抹抹身、洗洗脚算了。20 世纪 30 年代，当时英国工人的生活水平还是较低的。这家的儿子是一家摩托车厂的徒工，女儿是“胜家”（Singer）缝纫机公司的打字员，他们都不到 20 岁，特别喜欢跟杨打闹着玩。

工人们最怕失业，在造船业萧条时期，船厂只保留工人骨干如领班、工作组组长等。船厂接到订货时就临时招收一批工人，任务完成就把他们解雇，因此工人的流动性很大，这样对企业可免背包袱，但工人就备尝失业之苦了。在格拉斯哥，从街头聚集的失业人群的多少，就可明显看出当地经济状况的变化。人们说10%的失业率是可以忍受的，但20%的工人失业就成为严重的社会问题了。

在这半年的时间里，师傅和杨槱两人完成了一艘客船“Bullulu”号的舷侧栏杆的安装任务，又在一艘运兵船“Dilwara”号上装了通风筒和救生艇吊架，真正的木工活做得很少。由于工作地点在船体装配现场，杨所见所闻就很多了。船厂工人十分和善，不同工种的工人也想让他体会一下他们的作业。一个铆钉工人就让他试打几颗铆钉，当看到杨打得不合格时，他就赶紧补打几下。在船上用气锤打铆钉，用气动工具割边和捻缝时，噪声严重。不少工人都患有耳聋症，在船台现场相互对话，往往是听不清的，于是许多工人都会手语。他们也教了杨一些，除了用手势表示26个英文字母外，还可用简单手语表示时间和日常用语，如几点几刻和吃饭、休息等。

造船台和建筑工地一样是高空作业。那时的脚手架很简陋，只有单列木板，没有扶手，站在上面作业，带有一定的危险性。至于在船舱内，特别是在双层底内作业，由于空间狭小，空气不流通，因此工作十分艰辛。

船台在河边，在那里可经常看到各种大小船只往来。巨型客船的前面有两艘拖船拖带，后面还有一艘拖船控制船尾摆动。有次一位老师傅指着河中一艘在甲板上聚集着许多人的船，笑着对他说："这是格拉斯哥的'香蕉船'。"开始杨还真以为是运香蕉的，后来才恍然大悟，原来这是一艘把市区的粪便运出海去倾倒的船。这船也免费为一些单位的职工提供出海一游的机会，这就是为什么在甲板上挤着那么多人的原因了。

船厂的对面是著名的Alexander Stephen and Sons造船厂。老师傅告诉他，1882年该厂发生了"Daphne"号沿海货船在下水时翻沉的事故，当时在船的甲板上的人很多，致使127人死亡，这是造船界的一次重大事故。后来又几次听到英国人取笑日本人的故事。他们告诉杨说，英国造船厂常接到日本轮船公司的询价单，并要求提供较详细的设计方案。船厂都照办了，但以后就没有音信了。过了一两年一艘同样设计的日本船在海上出现了，显然日本人骗取了英国船厂的设计成果。之后，当日本轮船公司继续向英国船厂发出询价单时，英国船厂决心惩罚日本人的这种剽窃勾当，于是就提供了稳性不足的船舶设计方案，当日本人把船造好下水时，船立即倾覆沉没了。对这个近似笑话的故事的真实性，“我是抱怀疑态度的，”杨认为，“但这也反映了英国人对日本人剽窃他人技术的痛恨心情。”

第三年夏季，杨被派到船厂办公楼顶层的设计制图室工作。全室有制图师 40 人，由一位老年的总制图师（chief draughtsman）主持。总造船师（chief naval architect）则在下面一间办公室办公，但常到制图室来指导工作。当时总制图师的周薪有 12.5 英镑，约为技术工人的 3 倍。制图室设钢结构、总布置与舾装，以及科学计算 3 个组。

杨先到钢结构组，在一位青年制图师的指导下工作。组长给他大小记录簿各一本。小簿子要记每天从事的工作项目，既可作为考绩的依据，又可作为以后拟定制图工作计划的参考。大簿子是技术原始作业资料记录簿，凡自己的计算手稿，从规范、参考书、刊物、图纸、计算书上查到的和采用的数据与资料都要记录在这个簿子上，并且要注上日期。

徒工初来制图室，首先是做改图工作。那时正式船图都画在较厚的蜡布上，因其不易破裂，便于长期保存，多次使用。如果所造的是过去已造过的同型船，则可以利用旧图。但新船在设计上总有一些改动之处，这就要修改旧的船图。制图师叫杨和其他徒工把旧图中要改动的部分用橡皮擦去，再画上新改的部分。老制图师告诫他要轻而均匀地擦，千万不要把图布擦破。

随后，他担任绘制一艘新设计的货船的外板展开图的任务，还要编制外板钢板的订货清单。船厂的木模间根据放样间已光顺好的船体型线图和型值表制作一个1∶48比例尺的半边船模。他先在船模上画肋骨线，再根据船体结构图画上船底和船侧纵桁，然后再画上一列列的外壳板，最后列出外壳板钢材订购清单。制图师告诉他，设计船体结构除了要依据船级社（船级社，从事船舶检验的机构。通常为民间组织。）钢船建造规范的要求和参考以往同型船的图纸资料外，还要参考两份资料：一是船厂的加工设备表，因为所用钢材的大小和厚度必须能在船厂的机床上加工；二是船厂现有库存材料单，以尽可能多地利用库存材料。当时英国船厂的钢料利用率可达90%以上。

后来那位年轻的制图师被调到科学计算组去工作，他把杨也带了过去。在3个月的时间内，他们完成了一艘货船的舱容、吨位和稳性计算。杨先单独计算，然后由制图师校对，结果毫无差错，受到他的赞扬。

杨没有去总布置与舾装组实习，但常去看他们的作业，并和制图师们交谈。当船厂接到轮船公司的询价单后，总造船师确定船型、主要尺度和船的一些特征，然后要求总布置与舾装组迅速绘出一张总布置图。该组的制图师都有较好的美术修养，他们所画的有关房间布置的图纸，看上去犹如一件美术作品。

初到船厂实习时，“我买了一本当时的经典著作《实用造船学》，”杨回忆道，“读了一遍，觉得枯燥无味，而且非常繁琐。在船厂实习3年下来，再重读这本书，我就感到许多地方真是讲到点子上了，确实表现了作者对造船工艺学的深刻体会，不愧为一本名著。”这也算是一次感性认识向理性认识的飞跃。

第三章　飞向战火连天的祖国

第一节　归心似箭

1939 年 9 月 3 日，英国广播电台对德宣战书的公布，震撼了格拉斯哥全城，整个城市的教堂钟声齐鸣，第二次世界大战全面爆发。杨槱的思绪也随着钟声的旋律飞向遥远祖国的东方。

1940 年 3 月，他获得了一等荣誉理学士的文凭。

1940 年 4 月，杨槱开始了回国的旅程。他买了当时还是中立国家意大利的邮船公司的船票和从英国经过法国到意大利的火车票。

首先要渡过多佛尔海峡。那时德国潜艇非常活跃，已击沉了一些英国重要军舰和商船，并在英国港口附近布了不少水雷，有些船就已触雷沉没。由于横渡海峡有相当的危险性，因此渡船的船长要求旅客都走上甲板，穿上救生衣。杨槱注视着船尾螺旋桨掀起的浪花，思

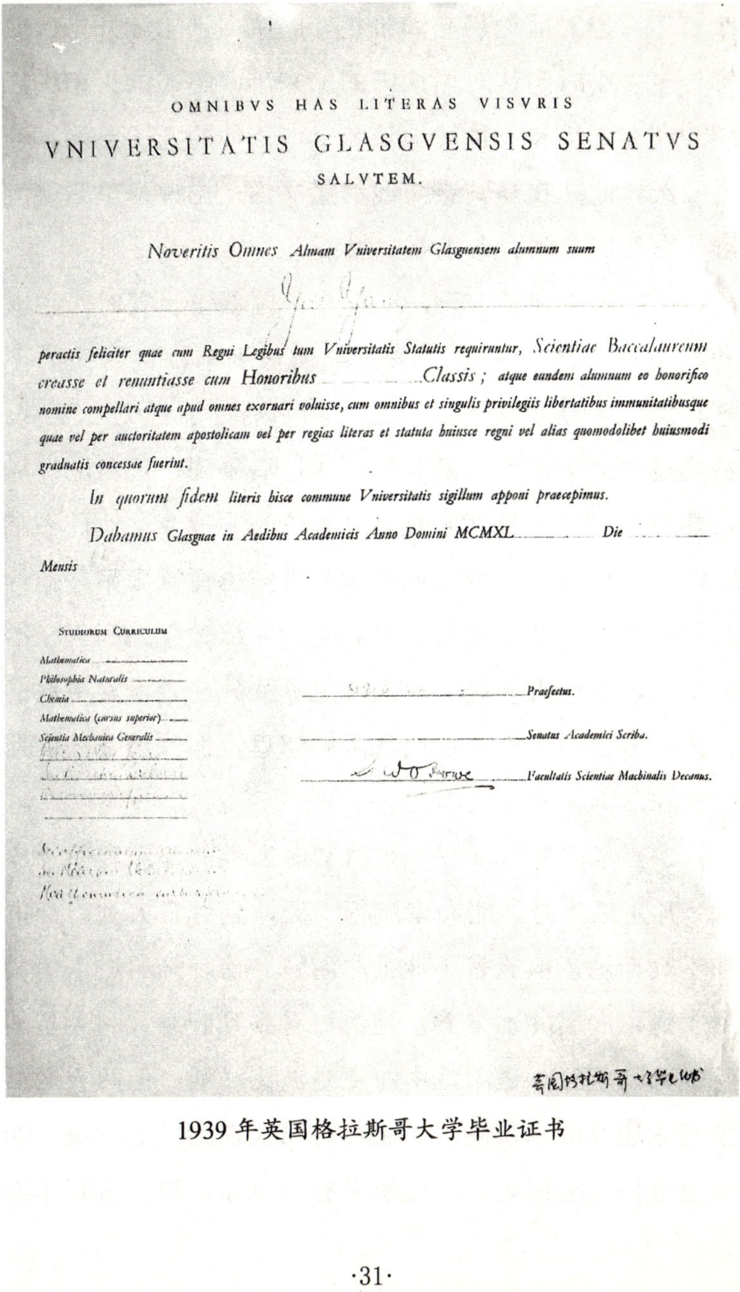

OMNIBVS HAS LITERAS VISVRIS

VNIVERSITATIS GLASGVENSIS SENATVS

SALVTEM.

Noveritis Omnes Almam Vniversitatem Glasguensem alumnum suum

peractis feliciter quae cum Regni Legibus tum Vniversitatis Statutis requiruntur, Scientiae Baccalaureum creasse et renuntiasse cum Honoribus ________ Classis; atque eundem alumnum eo honorifico nomine compellari atque apud omnes exornari voluisse, cum omnibus et singulis privilegiis libertatibus immunitatibusque quae vel per auctoritatem apostolicam vel per regias literas et statuta huiusce regni vel alias quomodolibet huiusmodi graduatis concessae fuerint.

In quorum fidem literis hisce commune Vniversitatis sigillum apponi praecepimus.

Dabamus Glasguae in Aedibus Academicis Anno Domini MCMXL________ Die ________ Mensis

Studiorum Curriculum

Mathematica ________

Philosophia Naturalis ________

Chemia ________

Mathematica (cursus superior) ________

Scientia Mechanica Generalis ________

________ Praefectus.

________ Senatus Academici Scriba.

________ Facultatis Scientiae Machinalis Decanus.

1939 年英国格拉斯哥大学毕业证书

绪万千，但对前途仍充满希望。船从多佛尔港开出，航行一个多小时到达对岸法国的加来港，随即乘火车去巴黎。在车上杨和一位法国长者交谈，他的儿子已参军开赴前线，驻扎在马其诺防线的堡垒内，据说那里阴寒潮湿，对健康不利，老人心中很不安。

在巴黎停留了一天，在一个中国餐馆晚餐时，主人和杨交谈，他对在法国深受歧视与剥削，甚为愤懑不平。第二天乘车南下，沿途山清水秀，但杨无心观赏。傍晚越过边境，进入意大利，次日清晨到达著名港口城市热那亚。这里是著名航海家哥伦布的故乡；他住在港区的一家旅馆内。有一批意大利青年也住该旅馆，他们是来热那亚参加意大利青年会议的。那时意大利正在准备参战，这些青年说，他们决定听从独裁者墨索里尼的指挥，他指向哪里，他们就走向哪里，那时正是法西斯主义在欧洲最疯狂的年代。

次日早晨杨再次登上来欧洲时所乘的那艘客船“康梯·凡尔第”号。船向南航行一天，到达意大利南部的那不勒斯港，但旅客不能上岸游览。傍晚开船进入第勒尼安海，海面并不平静，隐约可看到几艘意大利大型战斗舰列队航行。进入地中海更是波涛汹涌，但两天之后就到达埃及的塞得港了。旅客也只能在港区逛一逛。船驶经苏伊士运河时，沿途所见有点荒凉，岸上常有军人驾摩托车巡逻，显示了战时景象。此后经过非洲东北部的吉布提，越过阿拉伯海，到达印度的孟买，杨没有机会上岸故地重游。三天之后到达科隆坡，旅客也只能在港区附近游览。

船开出后不到一天的时间，在印度洋上听到了德国发动“闪击战”突破法军防线的消息。同船有一批中国留德学成回国的学生，还有一大批被德国纳粹分子驱逐出来的犹太人，他们的目的地是上海。大家都担心意大利随时都可能参战，这样，在船上大家的命运如何就不得而知了。杨櫆记得：“当时国民党高级将领贺耀祖也在船上，船上发行的英文报纸每天报道战争消息，由于我是船上懂英文的少数人之一，他的秘书每天找我去头等舱为他们翻译报纸。他们在船到达新加坡时便上岸转道回国了。”在新加坡，船客只获得登岸半天的许可，还是在晚上。市中心商业区灯火辉煌，市面比五年前扩大了，中国人经营的商店也明显增加了。据说抗日战争爆发后，上海等地的工商业者迁到新加坡的不少。这一次航行，船还停靠了菲律宾的马尼拉港，旅客准许登岸，杨和几个同船的留学生雇了一辆出租车游览了市区。这里是热带风光，住屋只有一两层，屋顶高大，而且上面有很厚的草垫。

经过3个星期的海行，终于到达目的地——香港。

第二天杨就买到怡和洋行的一艘开到越南海防港的轮船的船票，上船一看，这船原来是国营招商局轮船公司的“海贞”轮，由于我国沿海地区已被日本侵略军侵占，这船就卖给英商怡和洋行了。这艘3000吨级的蒸汽机客货船是杨在英国实习过的Barclay Curle造船厂建造的，设有头等舱位12个，二等52个，三等55个。杨上船后就饶有兴趣地观察船上的各项装备，注意到操舵的蒸汽舵机设在上甲板的机舱棚后端，通过钢索驱动舵扇和舵杆。特别引起他注目的是桥楼前端侧还有一个铁栅室，据说这是准备囚禁海盗用的。

那时越南还是法国的殖民地，船抵海防，海关的法国检查员检查旅客行李时，可以随意取走衣服和物品。所幸杨的衣物很少，一箱书籍他们不感兴趣，便顺利通过。从海防到河内和从河内到边境老街的火车是分段行驶的，因此要在河内住一夜。市区还算整洁，越南人有不少人能讲广东话。他听从同行者的劝告，买了四等车票，行李可随身携带，自己管着，不致丢失。“这条路线小偷十分猖獗，”杨回忆道，“火车沿着红河缓行时，坐在我对面的一位江南造船所的老工人的一件刚脱下的外衣突然被一个小偷抢去。这个小偷立即跳下车去，眼看着他在田野里跌倒，爬起来逃跑了，简直毫无办法。老工人说他的衣服里还有他的护照和钱哩！”

1940 年 5 月在小镇河口进入国境时，杨感慨不已："千头万绪涌上心头，别离将近五载的祖国啊！我终于又回到你的怀抱里来了！在边境看到穿着便服荷枪站岗的民兵，我便感到中国人民是不可征服的，只要全国军民团结一致，万众一心，必将战胜帝国主义。当天晚上到达开远。由于火车夜间停驶，我们只好在小客店里住了一夜。第二天火车继续北驶，盘山上下，穿过许多山洞，在傍晚时刻来到一座灯火辉煌的大城市——战时的昆明。"

第二节　在重庆民生机器厂

1940 年 5 月在昆明，杨槱经妹夫陈廷祜介绍，第一次走上大学的讲台，在同济大学机械系造船组张稼益教授的指导下任教。初为人师对初出茅庐的年轻人来说都是一种人生的挑战，杨永远记得那时"神经高度的紧张、脑子几乎空白，总觉得口干"，但一切都挺了过来，学生对他表示了欢迎。此次初执教鞭，为杨槱半个多世纪的从教之路铺下了第一块基石。但命运多舛，仅一个月后，学校放暑假，同济大学也准备从昆明迁至四川宜宾。不久，杨槱从昆明来到四川重庆，踏上了造船实业的谋生之路。

那时的民生机器厂是抗战时期后方最大的机器造船厂，厂址在重庆长江下游江北县的青草坝，工厂拥有各种机床数百台，可修造各种大小川江船。

杨槱原先准备去找留英时的学长王世铨工程师，但不巧他出差未遇，时任副总工程师的叶在馥接见了他。叶是广东人，两人用粤语交谈，竟是一见如故。

叶在馥（1888—1957），我国早期著名船舶设计师和船舶学教育家，是20世纪初掌管上海江南造船所技术工作的第一个中国人，是在中国的大学创办造船系的开拓性人物。1943年内迁重庆的交通大学造船工程系

杨槱（前排右二）与同济大学校长李国豪院士（前排中）及同济大学校友合影（1989年于南昌）。

建系之始，叶在馥被交大代校长吴保丰聘为造船工程系主任。

叶盛情邀请杨槱到他主持的民生机器厂的船舶设计室工作，杨槱考虑到在船厂生产第一线可学到许多实际造船知识，于是欣然应允。杨槱的造船之路，从重庆民生机器厂船舶设计室起步。

半个世纪之后，杨槱仍然记得第一次工作时受到的严厉批评："第二天上班，船体设计室主任郭子桢叫我画一张川江船的舱壁图。过了两天，我就画好了。但郭主任审阅后，认为有错误，特别是图面质量太差，当场对我严加责备。"

当杨倍感无地自容时，叶在馥立刻赶来为他解脱说："你很快就能赶上别人，一定会成为优秀的设计师。""我顿时感到一股暖流涌上心头，从此也使我深知对学生鼓励有多大的价值。"杨后来说。

杨槱自知绘图技术不及那些老技术员，对船舶设计也只知道一点皮毛，根本不是专家，因此决心加倍努力，认真虚心地向别人学习。厂长兼总工程师周茂柏见他没有什么突出成绩，也就一再把他的试用期延长。一直到6个月后，杨主要负责的"民万"轮由烧油改为烧煤的改装设计完成，设计图纸和报告书的质量最后经民生实业公司张文治副总工程师认可。同时，该公司的李允成总工程师也说，如果民生机器厂再不确定任用杨，他将把杨调到民生公司去工作。这样，工厂才任命杨为副工程师。“这在当时对刚从大学毕业的人来说已是很高的职务了。”杨说。

重庆民生机器厂的厂长、科技人员、管理人员基本上都是国民党党员，杨槱的业务才干不久引起了工厂上层的关注。杨槱回忆道：“厂长秘书一再要我加入国民党，我考虑到周围都是国民党党员，我不入的话工作难以开展，在这种情况下我加入了国民党。”

在民生厂工作期间，杨槱的第一篇专业论文《川江船型之检讨》发表于1943年中国工程师学会年会上，并获得大会三等奖，文章以后还刊在《中国造船》（1948年第1期，即创刊号）上。当时没有建造新船的任务，设计室的修船、改装任务也不多，叶在馥便指导杨槱设计一种新的、尺度是当时最大的川江船。叶定的尺度是船长77米，吃水3.66米，在夏天洪水季节可直航重庆。这船的主要结构图纸经过进一步修改补充后，后来于1947年在上海中华造船厂建成，即为“民裕”号客货船。后来这船由闻名的川江船长海里斯驾驶，他评价这船的设计不错，快速性好，但由于上部重量较大，稳性略差一些。杨认为，实际上这船只要宽度增大一些，就可以克服这个缺点。那时设计人员设计川江船的主要目标是减轻船体重量，以便多装货物。于是加强纵向构件以减薄船的外壳板。这对在淡水中航行的船，因钢板锈蚀较缓慢是可行的。还有一个目标是提高航速，必须保证船有足够的航速，以便越过险滩急流。许多人只知道要提高航速必须把船造得狭长、瘦削，因而不敢增大船宽，实际上，川江船属中高速船，船的兴波阻力主要由船首和船尾击起的波浪造成，因此只要把船的首尾两端削瘦，就可以减小阻力，船宽增大一些并无多大影响。杨的首篇论文便由此而生。

第三节　27 岁任教授

重庆商船专科学校成立于 1939 年，没有校舍，只能借江面上的一艘 3000 吨级的“江顺”号客货船开课，次年迁至江北人和场，借用几间民房上课。1941 年该校又迁到重庆下游的溉澜溪建校。当时每个班级仅十几名学生，全校学生百余人、教师十余人，造船科主任是叶在馥。杨槱是学校专职教师，讲授“船舶原理”、“船体强度”、“水力学”、“造船大意”等课程，每周讲课 14 学时，学校试行导师制，杨槱还任卞保琦和鞠鸿文两个高才生的导师。同学们对造船事业充满着希望，在该校刊物《造船简报》上发表了许多热情洋溢的文章，大家在文中称杨檙为“我们的良师益友”，这对年轻的杨檙无疑是一种莫大的鼓舞。

1942 年秋民生机器厂聘杨檙任工程师，但他同时仍在商船学校任教。当年，科主任叶在馥接受了当时的“总理（孙中山）实业计划研究会”的委托，编制建造 1000 万吨船舶的计划。杨檙是叶主任的主要助手，他指导毕业班学生定出船型，确定船的主要尺度和特征，绘出总布置图，并估算所需的造船主要材料，在 3 个月内就完成了这项任务。这是杨檙首次从事的一项与造船有关的计划研究工作。

虽然是在战时，但重庆与巴东之间还可以通航较大的客货船，学生们上船实习也较方便。这些学生在战后都能胜任驾驶员和轮机员的职务，有的后来成为有名的船长和轮机长。

1943 年 2 月，中国造船工程学会在重庆千厮门航业大楼成立，首届理事长是前海军江南造船所所长马德骥。学会章程规定大学毕业后至少工作五年才能成为正式会员。杨檙当时资历较浅，只能当一个仲会员，他并不在乎，非常热心会务，主动担任学会的秘书工作，并提交了 2 篇论文，自然也就成了学会的骨干人士。

1943 年 5 月，商船专科学校师生因抗议学校当局侵占经费图谋私利，酿成风潮，被当时的教育部停办。同年 9 月，交通大学接办该校，成立了造船系，并设轮机与航海两个专修科，叶在馥任系主任，杨槱被聘为副教授，第二年被聘为教授，这时杨槱年仅 27 岁，成为交大造船系初创时代最早的教师之一。

同年秋，重庆商船专科学校造船系首届毕业生十余人考取海军留美生。他们于这年冬天到达美国，先在宾夕法尼亚州的 Swarthmore 学院补习英语、数学与物理等基础课程，后来就进了麻省理工学院造船系。1947 年他们获得硕士学位后陆续回国，分配到各海军造船所任职。这批人中，后来不少人成为中国著名的造船专家和学者。

1943 年夏，一起重大的翻船事件震撼了整个重庆市，从朝天门开往江北头塘的一艘渡船，在洪水大发、浪大湍急的江水中，船身倾侧进水而倾覆，百余人遇难，其中，就有位民生机器厂的副工程师。这次事故对于每一个造船者来说是一次心灵的震荡，船的稳性这一关键问题强烈地牵动着杨槱的心。他对此仔细进行了调查研究，发现这船在航行中如果上下两层甲板间舷侧的波门关紧，稳性是有保证的，但如波门敞开，船一倾侧，江水浸入船内，船则肯定翻沉。为此，杨槱又花了几个昼夜写成《川江枯水船的稳性》，在 1944 年中国造船工程学会年会上发表。

第四节 风雨情悠长

1943 年杨櫆与比他小两岁的黄玉岚在双方家长的介绍下于重庆相识。

黄玉岚 1919 年生，祖籍南京，父亲在辛亥革命前当过军官，初期家境殷实，最盛时南京长江路半边的街面房子都是黄家的，以后家道败落。

1938 年，黄玉岚作为流亡学生考取了陕西武功的西北农学院。在校四年中，她母亲和哥哥多次来信，要她在西北找对象。当时黄所在的班上，只有她一个女生，男生却有 20 余人，他们中很多人都想和她好，但黄感到，她不适应西北的寒冷气候和生活习惯，所以一毕业就打道回重庆老家。

途经成都时她顺便拜访了母亲在南京初级师范学校求学时的一位要好同学。黄玉岚后来回忆道："她热情地接待我，又将我的行李取到她家，留我住了一个星期。这期间，我得知她家有个叫杨櫆的人，是她的长子，也就是这个'他'后来闯入了我的情感生活。"

通过哥哥介绍，黄进了重庆滑翔机厂。工作余暇，她常步行去沙坪坝中央大学哥哥所住的教工宿舍玩。一天，黄玉岚一人坐在哥哥房间里看书，忽然有人敲门进来，"对不起，我是杨櫆。"眼前是个皮肤黑黑的戴了副眼镜的书生，黄有点不知所措，因为曾受到他父母的热情接待，黄不由自主地轻轻叫了声“杨櫄哥”。由于是初次见面，彼此都很客气。事后，黄玉岚猜想这位“不速之客”大概是奉他父母之命前来“相亲”的吧！

杨櫄的第一次求见算是“初战告捷”，但第二次上门却令黄大失所望。

黄玉岚记得：“那天我在工厂上班，他忽然又来了，鼻梁上架着一副带有图钉的受损眼镜，穿着一条短裤、一双布鞋，人黑得像印度人，一点风度也没有，这副穷极寒酸的样子，让我看得极不舒服。心想，像这样的人，我怎么能跟他过一辈子？所以，看着他从办公室的前门进来，我就立即从后门跑走了。”杨櫄吃了闭门羹，觉得脸面尽失，由于受到刺激，回家后就发高烧，在床上整整躺了三天。此事黄玉岚始终未知，还是十几年后，50年代，杨櫄的一个朋友从南京来到大连他们家作客，无意中谈起，才使黄玉岚得知那次“溜之大吉”的后果，“没想到他当时对我竟有这样深的感情！过了这么多年，我亲身感受到他确实是一位很富同情心，也极重感情的人。”黄玉岚后来说。

又是一年过去了，母亲为黄的终身大事益发着急，恨不得她马上成家。黄玉岚哥哥的同事和朋友中虽然也有好几个想跟她好的，但她总感到还没有出现能中意的“白马王子”。正在这时候，收到了在重庆商船专科学校与杨櫆共事的舅舅的来信，信中说“杨櫆为人非常好”，“这样的人天下难找”等等。看完信，黄仍然疑惑不决。过了几天，杨又来了，这次杨穿着西装，经过修饰，“看起来人的确神气多了。这次，我没有走开，就坐下来与他交谈，这算是我第一次同他进行试探性的接触吧！”黄后来说。

经过一段时间的交往，黄对杨的人品有了一些了解。“给我印象较深的是，”黄说，“有一次在家中剥毛豆，我剥了几颗就失去耐心，他却仍仔细耐心地剥着，我开始对他有了好感。在剥毛豆时，他知道我正在看托

与夫人黄玉岚合影（1955 年）

尔斯泰的《战争与和平》，回去后就找这书看。下次来时，此书就成为我们谈话的内容。我们都对女主人公娜塔莎有好感，他就常叫我‘娜塔莎’。母亲不知其中缘故，便问我：‘他叫你什么？’我只是一笑了之，但却能察觉到，他在和我交往中还蛮会用心思的。”

共同语言有了，杨来的次数也多了。黄记得：“每次来，他总不忘带点吃的东西送给母亲，给母亲留下不错的印象，交谈次数多了，对他的了解也加深了。知道他生于北京，在广东长大，高中毕业后就到英国格拉斯哥大学攻读造船。在英国留学期间，不仅成绩优异，对造船一往情深，而且很活跃，为支持祖国的抗日战争和西班牙的反法西斯斗争，他多次上街募捐。我很敬佩他的人品和事业心，对他的感情也一天天加深。”

在《战争与和平》一书中，求婚是用“我求您的手”表示，“他也用这句话跟我说了多次。对我俩的结合，母亲是同意的，哥哥态度冷淡，意思是还可以找个学历更高的，弟弟却说：‘他母亲很厉害，做她的媳妇吃不消。’我想自己的事还是应该自己做主，最后同意了他提出的‘我求您的手’。”黄玉岚说。

1944 年 9 月 10 日，杨槱与黄玉岚在重庆百龄餐厅举行了婚礼。

黄玉岚与杨槱共生有二子一女，长子杨思远，二儿

杨樾先生全家合影（1971 年）

子杨世工，女儿杨世进。

黄玉岚于 2000 年 8 月逝世，终年 81 岁，她与杨樾共同携手度过了 56 年的夫妻生活。

数年之后，杨樾于 2009 年 12 月深情回忆说："我的原配妻子黄玉岚与我的初恋之情是戏剧性的，她是一位聪慧敏捷的女子。在工作上，特别是在对外交往方面，给我很多帮助。多年来，我服从组织安排和工作需要，走南闯北，她很识大体，一律支持。在感情上也给我很多安慰。她性格开朗，有话直说。她喜欢取笑，给人起绰号。有时也和我开玩笑。例如，我闲暇时，不是读书，就是看电视，她就仿古人的一句'梅妻鹤子'，说我是‘书妻电视子’。总之，半个多世纪，风风雨雨，我们的生活是愉快的。”

第五节　在美国考察造船业

1944 年 11 月，由海军江南造船所所长马德骥率领的“中国海军造船人员赴美服务团”赴美考察造船工业。该团共有 23 名成员，主要由江南造船所原班人马组成，青年杨槱在造船界因其最初的影响力，以海军少校身份被特邀参加。此时，杨槱新婚仅仅两个月。

二次世界大战爆发后，德国潜艇在海上十分活跃，盟军为了与之抗衡，美国迅速建立起庞大的造船工业体系。

1944 年 11 月中旬，服务团从重庆出发，乘的是美国军用运输机，大家坐在货仓内两侧可收放的长凳上，行李放在舱中间，用绳索绑好。向下一看，只见群峰连绵，飞行两个多小时到达昆明。他们在机场的一个营房里安顿下来，然后雇了一辆马车到市区去逛逛。这里已是战时军用物资的重要转运中心，机场飞机轰鸣声彻夜不绝，可见空运的繁忙。第二天晚上准备起飞，驾驶员对他们说，要飞过“the Hump”（驼峰，即喜马拉雅山脉）有一定的危险性。随即教他们穿上降落伞和戴上氧气口罩，还讲了跳伞要领，例如跳下时双腿要合并，这样落到树枝上，受到的伤害较少等。起飞后，飞行平稳，深夜到达印度东北部一个小镇的空军基地，他们在军营里睡了一晚。第二天乘坐的是正规的客机，有舒适的座位，两边窗口也多。这一段航程大部分时间沿着天下闻名的恒河飞行。飞得很低，河山看得很清楚。杨感到：“恒河平原真是沃野千里，远处还可见到山巅积雪，令人感到赏心悦目。同时，也感到印度和我国一样也是一个得天独厚的国家，应在世界上有所作为，而不应受列强摆弄。”傍晚时，到印度首府新德里（当时称德里），他们要在这里住一夜，仍然是住军营。晚饭后杨上街，这里气候温暖，小河中水流潺潺，颇有中国江南韵味。月亮升空，不禁令他想起过去印度同学谈到的月光下泰姬陵的美景，这座优美的陵墓就在新德里南方不远，可惜没有机会去探访。下一站是现在巴基斯坦最大的港口城市卡拉奇。他们在一家中国餐馆饱尝了一顿家乡美餐，这时北国已届隆冬，而阿拉伯湾的气温仍然高达 33 摄氏度。飞机从卡拉奇西行，越过波斯湾，在阿拉伯酋长国的一个城市作短暂停留后，继续飞行，傍晚到达埃及首都开罗。那时北非战事已经结束，盟军获胜，开罗已经远离战场。夜幕来临时，飞机又要起飞了。当飞机临近利比亚首府的黎波里时突遇雷雨，机身震颠剧烈，大家坐不住了，纷纷卧倒在地板上不能动弹，杨槱仗着年富力强，勉力支持，没有倒下。过了几个小时，到达大西洋东岸摩洛哥美丽的港口城市卡萨布兰卡。第二天到市区游览，只见街道整齐，林荫遮天，真是个热带旅游胜地。大家走进一家法国人开的餐馆，准备品尝一次法式美餐。这时有一个阿拉伯人进来，要带他们去嫖娼，他们说海军军官不到那种地方去的，但这人仍纠缠不休，女主人就把他推出门外了。后来飞机向南飞行，到达塞内加尔的港口城市、现在的首都达喀尔。晚餐后大家到海边散步，回到营房时，门口站着一个黑人士兵，大家居然没有发现，直到他来阻止进入时，大家才大吃一惊。

第二天飞机启程飞越大西洋，这里是非洲距离南美洲最近的地方。航程不过 3000 公里，但也要飞行 9 个小时。飞机贴近水面飞行，大海茫茫一无所见，非常单调。但这次飞行要越过赤道，到达地球的南半球，飞机到达巴西的纳塔尔港（Natal）时已将天黑，大家住进一家设备完善的旅馆。第二天外出，搭上当地的仅有顶篷、两侧敞开的公共汽车，游览了市区。当地人口不多，虽有不少白种人，但多数是印第安人或混血儿。这里地处赤道，当地官员告诫说，在太阳下暴露的时间不要超过半小时，否则皮肤将受到损害。过了一天又乘飞机向北航行，再次越过赤道，回到北半球。中途在圭亚那的乔治敦作短时间停留，再次起飞 3 小时后到达波多黎各岛。同机的美国军人欢呼：“到达美国领土了！”这两处机场的设施都很简单。很快继续飞行，夜色来临，忽然看到下面灯火辉煌，到达了飞行的终点站——美国南方海港城市迈阿密。

到达迈阿密机场时，美国海军派了一位名叫鲍尔的少校联络官来接他们。在随后的两天里，鲍尔上校带大家参观了一个海军训练基地，这也就是后来中国海军到美国接收 8 艘护卫舰和扫雷舰的官兵受训的基地。此外，还参观了海岸警卫队的一个水上飞机基地。

随后便乘火车北上，开始一段夜间行车，第三天清晨终于到达了美国首都华盛顿。

杨槱在华盛顿一个月时间内，每天都在海军部舰船局学习，这里杨槱第一次体察到美国军舰的研制过程：作战指挥部门提出对新舰的设想和具体要求，舰船局组织研究并初步确定一个或几个方案，该局的设计部门按确定的方案进行方案设计，并制造一个装备齐全的模型；作战部门对这个设计和模型做深入细致的考察和研究后，提出修改和补充意见，并正式下达设计任务书。舰船局设计部门根据任务书进行基本设计，基本设计经审议批准后就进行合同设计，合同设计相当于我国过去的技术设计，是海军与造船厂签订建造合同的基础文件。等到造舰预算批准落实后就可确定造船厂和担任详细（或施工）设计的单位，担任详细设计的单位可以是造船厂，也可以是民营的船舶设计单位。战时美国民营船舶咨询设计单位也有了很大的发展，例如纽约的 Gibbs & Cox 公司在最盛时有职工 4000 人。舰船在船厂建造完成后要经过一系列的检验和调试，证明完全符合要求，才交船编队服役。

庞大的造船规模和严密的科学管理使杨槱颇为感叹，但战争的阴影也同时笼罩着每个人的心灵。这一年的圣诞节杨槱是在华盛顿度过的。当时在欧洲战场德军发动了一次较大规模的反击，美军损失很大。开赴前线的美军战士，一般每天都要给家里写一封信报告平安，家里如果十天接不到信，就可能出问题了。美国凡有人参军的家庭的窗上都贴有一颗黑星。如果这人阵亡，黑星就改为金星。这场战役之后，军人家庭窗上的金星就增加了，因此这一年的圣诞节是那样的冷清与肃穆。

1945 年初，美国海军舰船局安排服务团参观在东海岸的诺福克、费城、纽约和波士顿四个巨大的海军造船厂。每个船厂都可修造战斗舰、航空母舰、巡洋舰等大型舰艇，每个船厂都有职工 5 万人左右。现代化的大工业企业和科学的生产管理打开了人们的眼界。

杨槱在费城海军造船厂学习、实践了一年，参加了航空母舰的监造和巡洋舰的监修工作。他看到了美国工业界的许多主要技术人员都是从欧洲来的移民，这不能不说是美国发展的一个优势，科学与人才是国家兴旺发达的基本因素。后来杨槱把主要感受结合中国船厂的生产实际写了一篇《造船工程之生产计划与管制》，发表在《中国造船》（1948 年第 2 期）上。1945 年 9 月 3 日，日本无条件投降，太平洋战争结束，服务团也就准备回国了。

Naval Damage Control Training Center
Officers' School
Philadelphia, Pennsylvania

This certifies that

has completed the special course of instruction in
Damage Control

Date
Commanding Officer
Executive Officer

1945 年美国海军船舶损害管制学校毕业证书

第六节　称职的工务课长

1946年初，海军服务团一行21人（团长、副团长未同行）从华盛顿出发，横越北美洲大陆，到西海岸的旧金山，再乘船渡越太平洋，经过长途航行，于春节到达上海，杨槱终于与阔别一年多的夫人黄玉岚相聚，黄给他带来了还未满周岁的儿子杨思远。

海军江南造船所是当时我国最大的造船厂，抗日战争期间为日本三菱重工占用，抗战胜利后立即由海军接管，杨槱被任命为江南造船所的工程师。那时该所有职工3000人，由于当时无新船建造任务，杨槱只好在造船所担任商船修理工作。

该所一直实行包工制，船来厂修理，先提出一份修理项目单，杨槱就和承修人（俗称包工头）一同上船，会同船上大副校对修理项目，并确定下来。然后承修人报出工程价格与完工日期，经船厂生产处核定，并发出指令，开始施工。工程完毕，经过船厂、船方和船舶检验部门检验合格，交付使用，并结算费用。一个监修工程师要负责这一系列的工程准备与实施过程。

那时该所的组织管理系统很特别，有三套班子：一是以海军人员为主的领导班子，他们有实权；二是该所与美国 Ingalls 造船公司合作而聘请的几十个美国专家组成的班子，主要起到指导船舶设计和技术、管理咨询作用；三是该所雇佣的3个英国人，一个名叫Cranston的造船总管和他手下的船体和轮机技术人员各一人，他们只能起一些施工管理咨询作用。

仅仅工作两个月之后，杨槱又受命北上赴海军青岛造船所任工务课长。青岛造船所有职工1200人，工务课长有相当的实权，派工、用料都由杨槱签发，他不仅主持修理了多艘海军舰艇，还开拓了商船修理业务，美国的工厂管理理念这时使他有了充分施展的舞台。不过真正使杨槱难忘的不是成功的业绩，而是失误的教训。

1947年，他主持建造了一艘载重340吨的钢骨木壳蒸汽机货船“天运”号，这船装有蒸汽起货绞车和蒸汽舵机，这是过去这类小船所没有的。舵机是试制品，在该船试航时发生了故障，操舵出了问题。正好这时有一艘万吨级货船进港，虽然两船均已停车，但仍避让不及，结果“天运”号左舷被大船撞裂，幸好裂缝在水线之上，海水没有浸入船内。随即由拖船拖回船厂，一个月后修复交船。在碰撞的当时，“我站在驾驶室左侧的栏杆边，眼看船要被撞，我赶紧抓住栏杆，在船被撞的瞬间，全船剧烈振动，站在甲板上的人全部跌倒在地。”杨说，“这次事故，使我深感船上设备，特别是像舵机这样的关键设备，必须经过严格的试验程序，直至完全合格方能装船。”这个教训，也成了杨槱几十年船舶设计与教学长鸣的警钟。

还有一个事故，对杨槱也是教训。1946 年冬，有一艘海军拖船入坞修理完工后，正在放水准备出坞，拖船浮起时，突然向左舷倾侧 30 度，幸亏船舱没有进水，未酿成重大事故。后来查出该船在修理期间，由于船员们不断取出右舷边煤舱中的煤，拿回家去供取暖和烧饭之用，船出坞时这个煤舱已被挖空，而左边煤舱还是满的，未动用过，船的左右重量不平衡，自然会产生严重的倾斜了，因此船在出坞时对船进行仔细的检查是十分必要的。

第七节　上海海军机械学校的年轻教务组长

1948 年，31 岁的杨槱任上海海军机械学校教务组长，日后成为教育家的杨槱，在教学管理上的起步，从此开始。

海军机械学校设造船、造机、电气与兵器四个学科，31 岁的年轻的教务组长很快组织专家制订了教学计划，确定了课程设置，建立了实验室和实习工厂，购买了教科书，并向社会上聘请了教授、专家、技术人员到校任教。不到两个月学校开学了。杨槱从大型企业工务课长迅速转换成学校教学管理者，这为以后成为船舶设计专家与教育专家打下了最初的实践基础。

大学教授在校外兼职，在中国现代社会有着悠久的传统，杨槱也不例外。在此期间，作为年轻的教务组长，在繁忙的公务之余，他应同济大学之聘，任造船系教授，讲授“船舶原理”与“实用造船学”两门课程。与此同时，交大的老学长王公衡教授因赴英国参加国际会议，请杨槱代课，讲授船舶阻力与推进课程，同时指导毕业班的船舶设计与制图课程，这一代课就是半年。

1948 年，杨槱当选为中国造船工程学会理事。这一年，杨槱参加了中国验船协会的筹建工作，任务是负责“钢船建造规范”翻译与编制工作。此规范主要是以英国验船协会的规范为范本，由交大造船系毕业班学生和几位专家翻译，杨槱与陈宗惠教授校阅了全书，后来该规范在《中国造船》上陆续发表。

海军江南造船所聘杨槱为工程师，但没有具体任务。他每周去该所两个半天，了解当时在建的“伯先”号沿海客货船的设计与建造情况。因为同时他被聘任该所艺徒学校的顾问，有时晚上得去了解教学情况。他还应邀为该所发行的厂报写了几篇关于加强计划管理与振兴船舶工业的文章。

一个学校的教务组长，同时兼任交大与同济两校的

参加教师节活动时接受江南造船（集团）有限公司总经理陈金海献花（1996 年）

教授，又兼江南造船所工程师，又要参加中国验船协会的筹备工作，制定中国首部“钢船建造规范”，这就是杨槱在 1948 年繁忙的工作轨迹，从中可窥见一位 31 岁的年轻教授的工作节奏和生命活力。

第八节　1949 年的抉择

1949 年是中国现代史上的一道分水岭，国民党反动统治正岌岌可危，历史迫使一些人做出命运的抉择。

3 月下旬的一个上午，海军司令部突然下令海军机械学校全体师生员工乘“昆仑”号运输船离沪，迁赴福建马尾。

“昆仑”号颠簸于茫茫的大海，望着这苍穹翻卷不定的乌云，32 岁的杨槱不禁眉头紧锁，思绪万千——看着船上大多数人携儿带女，因生活无靠，前途迷茫，才被迫跟随学校一起行动，自己也迫于形势，匆匆告别家人，紧随全校队伍而去。但一个信念却是那样坚定：“我一定会回来的！”

在浙江玉环岛停泊的那个晚上，船长的儿子和一个通讯官酝酿起义，要把船开到烟台，但轮机长等人反对，双方争执了一个晚上。船长生性软弱，没有主见，最后决定，船开到马尾后再做定夺。船到马尾后，通讯官知道起义不成，立即雇了一只小划船离船而去。而船长和他的儿子第二天即被捕，不久以后遇害。

在马尾，机械学校的大多数人还是以教学为重。大家忙着接通水电，安排食宿，布置教室，仅一星期又重新上课了。杨槱无心在此久留，他担任的应用力学课程交给了优秀青年教师张达礼（后来成为台湾著名造船学者，台湾造船和轮机工程学会理事长）讲授。

杨常和总务组长庄怀远（他是马尾海军学校毕业生，对当地情况十分熟悉，他后来因涉嫌参与海军舰艇起义事件去台后遇害）到处游览，除了福建船政（现在的马尾造船厂）和海军学校被日本侵略者破坏的遗址外，还凭吊了一些马江战役遗址和制造我国第一架水上飞机的地方。由于战乱，我国在该地的造船工业不仅没有发展，而且破坏殆尽。但当地的技术人员仍然在马尾办了一所勤工学校，培养了一批又一批技术人员。他们还利用废旧物资建起了一座小型蒸汽机驱动的发电厂。

4月21日，中国人民解放军百万雄师过长江的消息从电台传出，这时，杨槱再也按捺不住了，他第一次向校长王先登说了谎："王校长，我要去上海安排我的家属。"王先登看着这位手下一贯老实巴交的得力爱将，迟疑了一会儿，拍了拍他的肩膀："你去吧！"

杨槱永远不会忘记，那天几乎全校的师生涌到江边，他们是为平时尊敬的老师和朋友送行。他们已经感受到这一别将意味着什么，王先登校长还特地给了杨槱一笔回家的路费。

正好这时有一艘"太和"号护卫舰要开到上海，该舰的何舰长欢迎杨搭他的船，并安排报务员的房间供他住宿。在舰上整天听到关于解放军渡江战役的消息。第二天早晨"太和"号进入吴淞口，见到黄浦江中有很多外国军舰，有的军舰看到中国军舰来到还列队致礼。杨还看到一艘桥楼被解放军打坏的英国巡洋舰。"太和"舰一靠码头，立即就有英国海军军官上船探询长江战况。何舰长说是从福州来的，未进长江，英军官失望地走了。

过后不久，当时国民党海军第一舰队司令马纪壮上舰，要何舰长当晚把“太和”号开到某地去轰击解放军。何舰长拒绝说，舰上没有炮手，几个炮手都开小差离舰了。马纪壮看到杨在船上，就说：“原来舰上还有客人，先请客人下舰。”于是杨就下舰回家了，在家里迎候着上海的解放。

等待杨檩的将是人生崭新的一页。

第四章　新中国造船与教育平台

第一节　新中国大连造船初创时代

新中国百废待兴，杨槱有幸走进解放后我国新兴的船舶工业与教育初创者的队伍。

1949 年上海解放时，时任上海同济大学工学院院长的李国豪力举杨槱担任造船系主任。杨继而聘请范恂如、魏东昇、刘雍等一些刚从英国和美国学成回国的青年专家到校任教。杨组织师生共同研究造船系的组建方案，制订了新的教学计划和教学大纲。

当时，杨还积极参加了上海港的沉船打捞工作，到打捞现场视察，与施工人员共同研究打捞方案。杨还在当时新成立的船舶工作者协会的学术晚会上讲授船舶打捞理论和作业技术，他的讲稿《船舶打捞施救》后在《中国造船》（1950 年第 4 期）上发表。

1949 年，东北的旅大行政公署陈耀华（又名翁迪民）率团来沪招聘技术人员。造船界前辈叶在馥应聘去大连，但要朱淑新和杨当他的助手。同济大学同意暂时借调，以半年为期，于是他们3人随同第一批去大连的技术人员于当年11月中旬乘火车经天津、沈阳去大连。杨槱开始了为期5年的新中国大连造船初创时代。

到达大连后，旅大行政公署工业厅张有萱厅长任命杨槱为该厅的造船工程师。工业厅准备在大连湾内香炉礁地方新建一所规模宏大的造船厂，名为“大连造船厂”，并已落实了一大笔建厂资金。同时也准备派人去香港订购材料。交给杨槱的第一项任务就是规划新造船厂，研究适合中国沿海航行的货船船型，至于建设船厂、船坞和厂房所需的材料清单则由土木工程师提出。

1950年大连造船厂建厂委员会成立，杨槱被任命为工务处长，负责船厂规划和新船建造工作。

那时北京正要举行全国第一次科学技术代表大会，杨有幸作为大连科技代表团的一员参加了大会。会上，周恩来总理做了关于知识分子问题的报告，毛主席在中南海怀仁堂接见了全体代表。杨槱住在清华大学，和大连代表团团长段玉明朝夕相处，并认识了黑龙江省委书记、前抗日联军政委冯仲云，他是朝鲜金日成的老战友。

1950年春海军在大连建校，杨槱应聘到校址在老虎滩的指挥学校讲授船舶原理课程。讲义是苏联教官编写的，由翻译官和杨槱翻译成中文，再由杨槱在课堂讲授。考试采用口试形式进行。苏联教官出了许多套考题，考试时由学员抽取其中的一套。学员看清考题后就向考官表示题意清楚，然后就在座位上准备。准备完毕，他就利用黑板回答考题。考官可随意提问，学员回答，直到考官们认为满意为止。这种考试方式费时较多，但可真正发现有才能的学员，而且考试舞弊现象可以完全消除。以后几个学期杨槱又应聘到位于大连南山的海军工程学院讲授“舰艇生命力”，也就是“舰艇损害管制”课程。

不久，朝鲜战争形势逆转，9 月中旬美国军队在仁川登陆，并很快越过三八线。10 月 25 日中国人民志愿军跨过鸭绿江，抗美援朝运动开始，大连造船厂建厂工作停顿。

建厂委员会的机械工程技术人员调到沈阳东北人民政府机械局和几个机械企业去了。土木工程师大多调去建设飞机场，这是一项战时的重要任务。造船人员在留守待命的同时，也担任过一些前线需要的舟桥设计任务。还应当地军区的要求把一些渔船改造和武装，主要是在船底加压铁以提高稳性和在甲板上装火炮。杨还利用这段空闲的时间，用组织集体讨论的方法，花两周时间编了英汉对照的《船舶名词》一书。

新的大连造船厂停建，造船技术人员调到当时苏联海运部接管经营的大连船渠工厂工作，这是旅大地区最大的造船企业。1952 年初，在该厂基础上成立了大连中苏造船公司，杨槱被任命为副总工程师。当时该公司修造的全部是苏联船只，每年冬季，苏联北冰洋船队的船只都来厂进行年度检修，这些船中大多数是万吨级货船，也有 3000 ～ 5000 吨级的。有的船的首部外壳板受冰层挤压，严重变形，修理的范围就较大了。此外还有一些非常老旧的船也来厂修理，从经济上考虑，这些船早该报废了，但当时苏联缺少运输船舶，还对它们进行恢复性大修，修理期在一年左右。

1952 年冬，朝鲜战争处于相持和阵地战阶段。一天早晨，原宪干副总经理突然告诉杨槱，要他和一位技术员当晚出发去朝鲜战场，这是一项光荣任务。杨第二天到沈阳，第三天到丹东。和海军将领会见后才知道为了防范美军再次从后方登陆，做了反登陆的作战布置。杨的任务是协助建立一个鱼雷快艇的维修基地。杨提出的用吊艇架把艇吊起维修的方案被采纳，后来船厂设计了这个吊艇架并派技术工人带着材料和工具，去该基地完成了吊艇架的制造和安装任务。

那时美国和南朝鲜向我方派遣的谍报人员多数是乘船潜入，因此军方急需巡逻艇，船厂就把已造的 110 千瓦拖船改装为有武装的巡逻艇。

1953 年，船厂接受了苏联海运部 883 千瓦拖船、载客 100 人的沿海客艇和水上工作船等较复杂船型的建造任务。苏联海运部对发展新船型十分慎重，例如 883 千瓦拖船最初从 3 个可行的方案中选择一个优点较全面的方案作为开展设计工作的基础，并吸收其他两个方案的优点后，确定设计任务书。随后进行初步设计，确定新船的主要要素和主要设备。再进行技术设计，解决所有的有关技术问题和编制材料设备清单。以上两项设计都要经过严格的审核程序。施工图纸和技术、工艺说明十分详尽，对船厂施工具有明确的指导作用，杨槱仔细地研究了这些船的技术文件和图纸。

每艘大船修理完工都要出海试航 24 小时，杨参加过多次试航。一般是先到驾驶室了解船在进出港、操纵频繁时，船的主机变速和操舵性能。然后到机舱去观察每台机器，特别是主机的运转是否正常，有无异常声响和油温失常情况等。由于主机要试验在 24 小时内、不同负荷下的运转情况，杨需多次去到机舱观察。这需要很长一段时间，大家便在休息室和餐厅里相互交谈。总工程师格瓦利洛夫曾在船上当过锅炉生火工、轮机员，在船舶登记局当过验船师，到过世界各地，曾任苏联船舶登记局驻美国代表，很健谈，讲述了他的一些有趣的经

在船厂考察时留影

历。船上的苏联船长在自己的房间备了一桌冷菜和各种酒类，大家走过他的门口时，他就请大家进去，为庆贺修船成功，一定要干一杯。试航完毕回到船厂，杨櫆已疲惫不堪，整整要睡一天才能恢复正常。

除了造船，杨櫆同时还分管工厂的劳动工资、安全保护和技术培训。当时船厂普遍实行计件工资制，凡能超额完成任务的工人，收入颇丰，每逢节日还可得到一点实物奖励。但有些工人不能完成定额，只拿到70%的基本工资，那就很苦了。当时火管锅炉修理工艺和阀门制造的加工研磨工艺未过关，完工后进行水压试验时有点漏水或有水珠渗透，即认为不合格，工人们就要被扣工资。为了工人工资问题，杨櫆还专程到北京向第一机械工业部副部长段君毅汇报请示。为了安全生产，杨则要向新工人讲解安全操作规程和工具的使用，向工人发放安全小册子，对工人进行安全考核，及格才能上岗。工地或车间失火和工人操作不慎而受伤的情况多次发生，杨槱必定在第一时间赶到现场，解决一些棘手的问题，所幸的是，他在该厂的两年间，没有发生死亡事件和重大的火灾。

重视培养干部是中苏造船公司的建厂方针之一。船厂每年都吸收很多大学毕业生，他们初进厂时，往往被分配到车间去当工段长的助手，使他们和工人们同呼吸共命运。有一次某工段出了废品，那位正在工段的大学生主动承担责任，自愿被扣去30%的当月工资。后来这位大学生成了大连造船集团公司的领导人。这些技术人员在工段干了1—2年后才担任车间的技师或工程项目的担当（即主管或监督）技师，得到较好的基层锻炼，较全面地了解工厂情况，能和工人打成一片。后来该造船公司成为支援兄弟船厂、向外输送干部最多的船厂之一，是有其根源的。

1953年11月，第一机械工业部船舶工业管理局指派杨槱带领10名技术人员去葫芦岛参加渤海造船厂的建厂工作。那里是一个尚未建成的港区，有一座用沉箱作为岸壁的伸出式的巨大码头，还有一座用钢板桩建成的较小的伸出式码头。1949年“重庆”号巡洋舰起义北上，就停泊在后一座码头旁，并遭到美蒋空军轰炸。那时码头被炸坏的部分尚未修复。大码头上建有一些仓库，港区两边山上还有多幢住房，杨槱和船舶工业管理局的同事一同工作。

首先要进行工程地质勘探，为此调来一个钻探队。其次是建立一个小型气象、水文测量站，每天要多次测量和记录当地的气温、湿度、雨量、风速、风向和潮汐的涨落。工作组从水利部取得该港过去建港的资料，从国家气象局得到历年该地区的气象资料，从供电部门了解近期与远期供电计划。淡水供应也是一个大问题，工作组考察了水源地和供水设施，并了解了将来可能利用的附近河流的水资源。1954 年初陈扬（后来是船舶工业管理局局长）负责筹备组的工作，与此同时由一名造船工程师和一名土木工程师组成的苏联专家小组也来协助工作。3 个月后，完成了建厂任务书的编制工作。但是就在这个时候，又接到渤海造船厂暂缓建设的通知，很快工作组的技术人员分别被调到船厂基本建设、船舶设计部门和其他部门工作去了。杨槱和王本立（当时他的主要助手）则被调去筹建造船学院。

“在这半年中，我学到不少基本建设的知识，”杨说，“不仅有关于造船厂设计、厂址选择、工程地质勘探、港口和码头建设等方面的知识，而且在气象、水文方面也获益匪浅。”正是这些实践与知识面的拓展，为杨日后成为造船工程的多面手积累了宝贵的经验，打下了坚实的基础。

1954 年春，杨槱奉命到大连工学院报到，被任命为造船系主任。在刚刚筹建了五个新的教研室并开学不久后，第二年的春节，又一纸命令，新的造船学院决定在上海建立，杨与造船系 20 余名教师，包了一节车厢南下上海与上海交通大学造船系合并，共同去筹建上海造船学院。

第二节　从筹建上海造船学院到任交大副教务长

1956 年 9 月上海造船学院成立，杨槱被任命为教务长。在两年的筹建过程中，杨槱一直处于第一线。学院成立时设有船舶制造、船舶动力、船舶机械、船舶电气 4 个系和基础部，学生 2000 人，教师 250 人，教辅与其他员工 300 人，校址就在交通大学因迁西安留下的校区内。开学时基础课和技术基础课的实验室均已具备，并有了金属工艺实习工厂。专业实验室如动力机械实验室、电机实验室、110 米长的船模试验池和面积达 1000 平方米的放样间等则在筹建之中，这些实验设施相继于 1958 年前建成。

船舶制造系的师资人才济济，包括杨俊生、李永庆、辛一心、王公衡、杨仁杰等著名学者。杨槱同时负责一年级的专业启蒙课——船舶概论。

1957年秋，高等教育部杨秀峰部长突然来沪宣布，国务院确定交通大学分设西安和上海两部分，上海造船学院并入交大的上海部分。当时杨槱和一些教师对这项决定思想上是有抵触的，“但我还是一个组织纪律性较强的人，”杨认为，“党和上级的决定是必须服从的，知道自己的责任，自己的行为将影响到其他一些教职员工，自己有责任保持学校的稳定团结。”

交大任命杨槱为副教务长，这是杨槱与交大的第三次结缘。这一次结缘，结束了杨槱过去频繁变动工作岗位的历史，从那以后半个多世纪以来，尽管后来在各条不同战线留下了他的足迹，但杨槱的人事关系从此再也没有离开过交大，他日后不凡的人生航行，从此刻的交大起锚。

第三节 带头做毕业论文

早在1955年，高教部就要求全国高等院校学习苏联先进教学经验。当时苏联高等院校的教学承袭欧洲大陆的模式，课程设置和教学内容都比较多，学制比较长，一般是4～5年（英国是3～4年），实际上有部分学生要读5～6年才能毕业。苏联和欧陆都不设硕士学位，他们认为欧陆的大学毕业生已相当于英美的硕士，再读3年可得博士学位。苏联的副博士学位被认为相当于英美的哲学博士学位。

苏联大学课程的教学内容虽较多，但在课堂讲授还是比较简明扼要的。杨记得："我曾对留苏大学生的课堂笔记详加研究，感到在课堂上所讲的内容要比教科书少得多，而且更加结合实际。我也仔细阅读了他们的课程作业和毕业设计，其内容充实，特别是对表面质量要求严格，书写整齐，图表清晰准确。还有苏联和欧陆大学平时很少测验或小考，但学位考试非常严格。因此，我觉得学习苏联是否得益关键在于能否学到它的精神实质。"

交大原则上要求当年毕业班学生完成毕业设计。作为副教务长的杨槱，虽行政工作繁忙，但他认为，自己是造船厂的设计师出身，应主动负起指导毕业设计任务，于是，"我仍以满腔的热情与决心，要亲自做一个以破冰船设计为题的毕业设计"。

杨槱踏上了天津港的破冰船，冬天港口的海面上寒风刺骨，杨槱在船上喜欢与船员们交谈，他们告诉杨槱，这船冬天在海河破冰，春夏秋三季出海担任拖带运输任务，破冰船要开辟的通航水道要比一般船宽大些，船宽大，初稳性也大，但船的适航性就差了，这是一大矛盾。他们建议说，破冰船没有装舭龙骨，因舭龙骨对破冰不利，容易被撞损坏，他们建议是否可以装活动的，也就是可以拆卸的舭龙骨。

晚上，破冰船开始作业，在船壳与冰块猛烈的撞击声中，在甲板下船员休息室靠舷边的长条沙发椅上，杨槱居然还能呼呼入睡。

经过几个月挑灯苦战，杨槱终于完成了毕业设计。苏联专家看到一个大学行政事务繁忙的副教务长能用业余时间完成如此全面的作业，深表惊奇。学校特请著名造船学者辛一心主持他的毕业设计评议和答辩会，杨的设计得到大家的一致好评，也为造船系的师生们做出了一个好的榜样。也是这个学期，杨槱还指导了 3 名毕业班学生完成了以内河拖船为题的毕业设计。

正是杨槱的这种超常的勤奋和永不知足的追求精神，才使他日后一步一步登上我国造船界第一位中国科学院院士的高峰。

行政事务繁忙的杨槱在百忙中多次承担一般教师不愿担任的造船启蒙课《船舶概论》的讲授任务。

那是学生们刚进交大本科的第一堂课，杨槱照例把一盆水及一只铝制饭盒带上了讲台。

“同学们，这是什么？”饭盒浮在水面上。

“这是脸盆与饭盒。”

“不，”杨槱一脸的严肃，“这是大海与轮船。”

同学们一片笑声，“杨先生大概把我们当成幼儿园小朋友了。”有人忍不住悄悄地说。教室里的气氛活跃起来。

于是，船的稳性、浮性、抗沉性就从这小小的饭盒开始。

这些本科生是幸运的，杨槱丰富的人生阅历与实践经验，广博的知识，特别是他对国外先进船舶技术的了解，在国内造船界、教育界应当是数一数二的。

20 世纪 60 年代杨槱的学生，后任上海造船工程学会理事长的张圣坤说：“当年我刚进交大，那时杨先生作为学校为数很少的二级教授给本科生上《船舶概论》，在学生中产生很大影响，他上课时虽不太善于表达，还有些口吃，但由于先生阅历丰富，与一般搞理论的学者不一样，是从实践中跌打滚爬过来的，能给学生直观形象的教育，大家对他很尊重。”

对这段时期的教学，后来杨回忆道：“我仍然担任‘船舶概论’课程的讲授。我讲课时不仅带了挂图和模型，还制作了一些简易的可表示船的浮性、稳性和强度的小器具，当场表演，受到学生们的欢迎。除了规定的教学内容外，偶然我还讲一点当时在海上发生的对船舶专业有意义的事件。”这一年杨应中国造船工程学会的要求，发表了《对造船高等教育的一些意见》一文，学会组织了讨论，后来该文在《中国造船》（1958 年第 1 期总第 36 期）上发表。在五六十年代，我国建立了完整的造船教育体系，培养了众多的科学技术人员，适应了船舶工业的发展。

第四节　1956 年加入九三学社

20 世纪 50 年代，在中国共产党领导的多党合作与统一战线政策的感召下，我国民主党派的队伍得到空前的扩大。

1956 年 2 月，具有民主爱国、伸张科学传统和高科技人才聚集特色的九三学社，吸收杨槱为社员。杨槱的入社介绍人张鸿是交大数学系教授，是九三学社中央委员。

在入社前杨槱专程去征求交通大学政治部主任万钧同志的意见，万说：“你参加‘九三’可以认识许多著名的专家学者，从他们那里得到教益，将有助于你的成长与提高。”万钧的话有很大的预言性，但也许他不会想到，三十年后，杨竟成长为九三学社上海市委员会的第三任主任委员及九三学社中央的副主席。

入社之初，杨槱首次参加九三的一次市委会议，有两人的争论使他经久难忘。李林（著名科学家李四光的女儿，中科院院士，超导物理学家）说："必须在学术上有所成就，否则谁也不会听你的。"她的意思是，仍要在业务上花大力气，不能在社会活动上花过多的时间。张鸿则说："帮助他人在政治上有所提高，在学术上取得更多成就，在社务工作上花一些时间与精力，也是值得的。"

杨槱认为，他们讲的都有道理、都是实情，表现了九三人的诚挚与坦率，最好能两者兼顾。在专业与社会工作的矛盾上，是一个难解之题，但两位学者的争论与坦诚之见，常使杨槱感到一种鞭策，一种力量。

1956年的冬天，九三学社中央主席许德珩来上海会见上海社员，当时他刚参加了中共八大。他说，我国正准备出版西方的社会科学和文艺方面的名著，令人兴奋。他认为对人类的优秀文化遗产应予以重视，对西方的经济文化成就也要认真研究，有用的可以利用，以加快我国社会主义经济文化的发展。许德珩的信息与观点使杨槱激动不已，在当时推崇与介绍西方文化可算是石破天惊之事，但后来由于推行阶级斗争为纲的路线，这个计划未能实现，但许德珩的思想风采却深深刻印在杨槱心中。

第五节　1957年的反右斗争

1957年的反右斗争及其后的整风学习运动，对广大知识分子无疑是一场“灵魂的考验”，被定性为资产阶级范畴的中国知识分子，需要无情地“解剖自己的灵魂”，深刻批判自己思想深处的“不满与杂念”，“夹起尾巴”做人，思想改造成了他们人生的首要课题。杨槱作为有着西方社会留学与工作经历的人当然不能例外，坚决服从与自觉革命成为这一代人的信条。

1958年5月17日，杨槱在交大校报上公开发表了《资产阶级个人主义阴灵附体，立场、思想、工作无不大受其害》一文，对自己的思想进行了深刻的解剖，文章如下：

> 经过了整风学习，进一步认识了自己是一个资产阶级知识分子，但我不甘落后，在自己的红专规划中已打算在二年内把自己锻炼成为又红又专的工人阶级知识分子并争取入党；因此首先应下决心改变立场、灭资兴无，深入挖掘自己的资产阶级个人主义思想，把心交给党。
>
> 一、立场问题
>
> 下列事实证明自己的资产阶级立场尚未切实地转变，因而影响了自己对党的认识，对自己的改造

和对社会主义坚定不移的信心，结果使祖国社会主义事业遭受损失。

（一）仍未脱离资产阶级立场

解放前我希望国共和谈成功，大家合作把中国搞好，我认为谁也不能消灭谁。

解放以来的历次运动中，我的立场非常不明。在旅大市镇压反革命的大会上，听了受害者的控诉固然也对反革命分子愤恨，但心里只想到我是来受教育的。思想改造时我的检查很肤浅，党支部叫我重新检查，我表示厌烦。肃反时思想右倾，例如明知某人品质恶劣，有反动思想，也很痛恨，但对他某些反人民罪行则认为未弄清楚怕冤枉他，因此斗争无力。肃反后对有些亲戚朋友都不敢接近，怕他们靠不住，引起自己麻烦。肃反时和这次整风中也有怕别人把自己搞臭的顾虑。

前几年有人和我随便谈起在我国不准宣传资本主义而在某些资本主义国家却允许宣传共产主义，因此共产主义宣传阵地日益扩大，结果总是共产主义胜利，当时我认为这话有些道理，并未考虑到立场问题。

在反右派斗争初期我是不积极的，有人叫我积极参加斗争，我推说三校合并，忙于准备开学，还说如批判我的错误言行，我当然参加。右派分子某人在我面前攻击党时，我不察觉，我反认为财经学院和南京机校的人事工作有偏差。后来万副院长叫我和林宏铨同志研究一下某人的言行，我根本未研究便和林说我看不出什么问题。

（二）未能坚定不移地走社会主义道路

我常和人谈在英美学到的一点东西和所得的一些经验，特别是和王公衡先生常谈英国教学制度的优点。在高教部听说苏联也很欣赏英国的笔试制度时，心里很舒服，自认为亲身体验过英国笔试的优点。去年我确有一度想把英国大学的一套搬到造船学院来。

我也常吹嘘自己在解放前的工作成就。常认为六亲不靠在旧社会争得地位，表明自己很有能力，颇为得意。

对民主党派我也有特殊的看法，我曾认为民主党派是装饰品，这样在国际上可以表明我国非一党专政。

叶在馥、辛一心两先生去世后，他们的家庭一度有一些困难，我便心想万一我死了，家里不也一定有困难吗？不能过度拼命，保养身体要紧，适当积蓄一点钱也是必要的。我又想起以前填履历表时财产一项，我虽照实填了但心中略有不安。

（三）对党的领导和大公无私缺乏认识，对党的负责同志不够尊重

历年来我曾和领导争吵多次，例如在大连工厂和马君宇书记、吕锡元书记、船舶局罗副局长以及我校董勋、于骏民等同志均争吵过。

平时我对党组织的态度是极不正确的，我只知要求党支持或贯彻我的主张，或把党看作自己的顾问，而没有认识党是自己的政治方向，自己的职责是深刻体会和贯彻党的政策和完成党的任务。

我不认识和低估党团工作的作用，我曾说支部天天开会但船动系的团结问题没有解决。

我对于党的大公无私认识不足；在大连工学院时我认为屈院长有本位主义，船院成立后我虽一再强调两校的团结合作，但心里认为交大本位主义严重。我爱人因工资级别问题有情绪，我也认为人事处道听途说，没有切实调查。

右派分子某人早在我面前流露与党领导的抵触情绪，一方面固然是由于我和领导的关系不够密切，很少倾心相谈；另一方面也由于我当时怕自己判断不准，党可能由于我的反映而冤枉他。这些都表明我对党的错误看法。

（四）务实不务虚，不能识别右派

鸣放时我曾说学校的缺点之一是党政不分，我只看到党政工作的矛盾，但对政治是统帅、是灵魂是不认识的。

用人不问政治充分表现在历年来的调用聘请人员，以及对教师的评价方面。我认识的人中右派分子不少，其中还有两个反革命分子，这两个人的反革命面貌我丝毫没有察觉。

鸣放期间，右派分子向党攻击，我仅认为他们在发牢骚，心想暴露矛盾也不错，这样有利于解决矛盾。右派分子某人把一大堆聘书证件给我看，我便认为他有真才实学，反不相信人事处了解的情况。右派分子某人在图书馆工作态度极坏是人所共知，他对我说船院图书馆是他创立从无到有，某同志来时已有基础，当然易于显出成绩，我居然认为他的话虽不正确也不无道理。又在九三上海分社第一次斗争右派分子某人的会议上经大家批判与揭发他的反党言行后，他暂告退却，说接受大家的意见，我便认为他态度表现得很不错。

二、个人主义方面

（一）政治上自满

初解放时不愿别人说我不懂政治，后来又不愿人说我政治差。对政治上我也很主观，自以为自己的想法和党的决定不谋而合。

我猜想我未能入党恐是历史问题还未搞清楚，而很少考虑到自己的政治觉悟和党性修养问题。平时我不但对政治理论很少钻研，就是重要的社论也不多看。

（二）迁就个人主义，缺乏原则

多以个人主义来动员说服别人安心工作。有两位同志闹情绪的时候，我是迁就个人情绪，董勋同志是坚持知识分子改造原则，区别很明显。最近两次评工资，我也是主要从迁就几位同志的情绪出发，而没有说服他们首先应为国家利益着想，端正态度，以免全校形成争级别，争工资的风气。

（三）患得患失

常想辞去副教务长职务，心想才德不能服人，交大老先生多，我来领导教学颇不相称，何况吃力不讨好，影响自己业务的提高。但有时想即使叫你专职搞业务也不见得能搞出什么名堂，不如服从国家需要，听领导分配，工作做不好，责任也不大，交大将来有成绩，有我一份，何况又有政治待遇，还是安心干吧。总之主要从个人主义打算。

对民主党派的工作也有相类似思想。

各种委员会未被选到，感到自己被冷落，选到了弄得身兼数十职，又抱怨忙不过来。

个人主义无疑对工作带来了不良的影响，甚至也影响了别人的进步，此外个人主义的发展也影响了我和群众的关系。

三、群众关系方面

（一）对工农缺乏感情，不认识工农的阶级觉悟。

在工厂时我曾说资本主义企业工人为生活不得不努力干活，现在靠觉悟；大家觉悟不高，领导毫无办法。我又曾说工程技术没有什么要向工人学习的。

统购统销政策公布时，我听说农民不愿卖余粮，我便想强制性的办法是要用的。

在工厂评工资时，技术人员工资较高，有一位工人干部说你们有没有想到我们工人在解放前没有读书的机会，我听了未予以同情。

（二）常与群众有抵触情绪

整改时船制系大会上对我提出批评，心里不服，认为对我有歪曲。平时常坚持己见，不接受别人意见，甚至不肯耐心听取意见。

习惯于行政命令办事，不善于说服动员工作。布置工作不明确，要求不具体，同志们有意见，不检查自己的缺点反抱怨别人。

我喜欢关门做计划，强调个人作用，缺乏依靠群众，虚心向群众学习的精神。

（三）好表现自己

积极肯干是我个人主义的外衣，许多事我是肯带头干的，查究其思想根源，很大的成分是想表现个人能力。

我好与别人比，在大连工学院时，我想把造船系和其他系比，船院成立我也想和交大比，认为和交大在上海唱对台戏也不怕。

以上是我初步检查的情况。自我批评究竟是比较缓和的，收效总是有限的；要进一步提高还要依靠大家的批评。批评愈尖锐，思想斗争愈激烈，对自我改造愈是有效，提高愈快，因此诚恳地请求同志们给我更多的帮助。让我们在这次运动中相互揭发，相互帮助与提高，共同迅速地走入社会主义。

感谢交大图书馆档案室半个世纪以来仍完好保留着这份文件，让我们得以看到真实的历史。

第六节　大跃进年代，教育必须与生产劳动相结合

1958 年是大跃进的年代，教育的主旋律是“教育必须为无产阶级政治服务，必须同生产劳动相结合”。学

生相当长的时间要参加生产劳动，教学上搞“单课独进”，即一个时期只上一门课，每门课的教学在 1～2 周内完成，有人提出这不符合教学规律而受到批判。杨櫆的思想与性格是一贯跟着党和形势走的，虽然一向被人称为“实干派”，但仍然被说成是“思想跟不上”。

杨櫆带领毕业班学生“真刀真枪”地完成了受上海海运局委托进行的 15000 吨自卸式运煤船的初步设计，还做了一个精美的外观模型。我国沿海货运中煤炭的运量占一半，用一般的小抓斗，把煤从船上卸下来，效率很低。美国大湖区的运煤船早已成功地采用皮带输送办法连续不断地把煤从船舱转运到岸上，杨决定采用类似的卸煤方法，设计一艘新型运煤船。以每小时卸煤 1500 吨计，10 小时就可把一艘 15000 吨级运煤船装运的煤卸完。1959 年初杨与学生们完成了该船的初步设计。学校组织了较大规模的评审会议，请来了上海各船厂和航运部门的专家，大连造船厂也派了专家来参加会议。会上大家对该船的自卸设备进行了深入而仔细的研究，还提出到岸上受货方也应有相应的输送设备，以便把煤直接送到用煤地点。此外，对船体结构和选用钢材、机舱的机电设备、甲板机械、防火安全措施，以及船的维修等也做了广泛的讨论。也有人建议先造一艘投资较少的 5000 吨级自卸式运煤船试一试。由于当时客观条件不具备，初步设计经审查通过后就被束之高阁了。一直到80年代后期，这种散货疏运船型才重新被确认对我国沿海煤运具有一定的优越性。

在我国万吨级远洋干货船研制刚刚起步的时期，对船的总布置研究较少，这时，杨槱的学长，造船界权威辛一心教授建议他研究船员的居室布置，他欣然接受。船员的居室优劣与否，使用者当然最有发言权，上海造船工程学会召开了专题研讨会，一些长年生活在海上的船员在会上对船上生活的安全性、舒适性和工作的便利性提出了切实的意见。杨查阅了英美两国造船师学会的论文集和有关的造船专刊，凡有关船员居室、客房布置和可居性的文章，他都仔细阅读，分析其要点。他搜集和分析了近百艘货船的船员居室布置图，统计了居室、休息室、餐厅、厨房、食品库和卧具杂物贮藏室，以及过道的尺度与面积。此外，家具的布置、装饰材料的选用和通风设备的安排等也是他的考察内容。杨槱完成了《远洋货船船员居室布置》一文，在《中国造船》（1958年第3期总38期）上发表，此文被中国造船工程学会推荐到苏联与东欧各国造船工程学会交流，以后杨槱提出的一些设计标准及原则又被一些船舶设计院与高等院校采用。

第七节　我国第一部《海船稳性规范》的制定

新中国成立前，中国没有自己的船舶规范，制造的船舶要依靠外国的规范检验。新中国成立后，则主要因袭苏联的验船规范。1958 年我国设立了船舶检验局，决定要建立我国自己的验船规范，而《海船稳性规范》则是其中重要的一部。

1959 年 2 月，杨槱与沈肇圻一起领导了《海船稳性规范》的制定工作。这是保证船舶安全，指导船舶设计、建造和运行的重要文件。上海船舶运输科学研究所、船舶工业管理局产品设计二室、交通大学、上海海运局、上海港务局、上海渔轮修造厂、上海船舶修造厂、沪东造船厂和求新造船厂等 9 个单位数十位专家参加了工作。杨回忆道："我们研究了各国有关规范、规定和学术文献，包括苏联、日本、美国、英国的海船稳性标准。著名的芬兰学者 Rahola 关于小船稳性标准的博士学位论文也列为必读文献。大家认为美国标准虽有形式简单、比较实用的优点，但没有以明确的形式考虑风压力的动力作用和船在波浪上摇摆的影响。苏联的标准，特别是日本的标准考虑了以上两项因素，因此决定采用日本标准的形式。"

参加工作的人员分 4 个小组分别对下列问题进行分

析研究：（1）沿海风力、波浪的调查与航区划分；（2）船在波浪作用下谐摇振幅计算；（3）对船的稳性曲线的消失角和面积的最低要求；（4）客船、货船、油船、渔船和拖船等类型船舶的营运条件对船舶稳性的特殊要求。

1960年杨槱主持制定了我国第一部《海船稳性规范》。该规范的诞生，引发了几十个相关研究课题，进一步推动了我国船舶稳性的研究，杨槱在此基础上写了《关于船舶稳性研究》一文，在这次研究制定稳性规范的专刊上发表。

第八节　上船去搞技术革新

1960年5月，全国各条战线掀起"技术革新"高潮。学校安排杨槱带领船舶制造、船舶动力和船舶电气设备3个专业的师生20余人，登上我国新近建造的、机电设备全部国产的3000吨柴油机干货船"和平59"号去搞技术革新。这是一艘机舱在船尾部，有3个大货舱的双甲板干货船。主机是当时刚研制成功的43/82型柴油机，功率1471千瓦，转速每分钟200转。技术革新项目主要是无人机舱和在柴油中掺煤作为主机的燃料。此外还搞系泊带缆机械化、起货机遥控操作和自动操舵等项目。

“和平59”号从上海满装日用杂货开往天津。船航行3天后到达新港，随即进入海河。河道弯弯曲曲，开始河水还算清洁，但后来愈来愈污浊，成为黑色，有恶臭味。这是两岸工厂，特别是一些化工厂排放污染物所致，4小时后到达天津市区的码头靠泊。

码头上没有起货设备，船舱内的货物要靠工人搬入网兜，再用船上吊杆吊到码头上，然后用载重1.5吨、以蓄电池为动力的拖车（俗称电瓶车）把货物运入仓库，速度十分缓慢，5天才卸完船上所载货物。为此，船舶制造专业的师生就想搞“快速装卸”技术革新，先后试验过单杆操作（每吊的重量可以大些）和两钩一吊等办法，但都不很成功，还是双杆联吊法快些。实际上，对于日用杂货，只有采用集装箱（货柜）运输，才能从根本上解决快速装卸问题。

在海河上杨槱看到当地驳船独特的操作方法。海河水流的流速与流向随潮汐的涨落而变化，河上的货驳可顺流漂行。杨看到两只驳船由一艘拖船拖航，逆流前进。当船驶过码头后，拖缆脱钩，驳船上的船员就能利用水流进行操纵，使船顺利靠泊到码头上。

在天津港还可见一些木质的“对腚驳子”，这种船在装载重质货物，或通过狭窄的航道时，两船的尾端相接，成为一艘狭长的驳船，有利于快速行驶。当船装载麦秆、稻草等轻质货物堆得很高时，两船并排连接成为一艘较宽、稳性良好的船。这也是我国木帆船的船工们的一个创造。

5月末，船满载生铁返航上海。海上风浪虽然不大，但船摇晃十分明显。这是船的重心过低，稳性偏高所致。海浪一旦使船倾斜，船的恢复能力很强，立即把船扳回来。这样船的摇摆周期很短，船的颠簸就显得剧烈了。天气晴朗，而且是顺风航行，水手长利用桅和吊杆，挂一张风帆，船的航速提高了0.5节，这也是节约能源的一个措施。

在航行中，船长介绍了天文航海和地文航海的含义，谈了一些进出港口和靠泊码头的技术和经验。他说靠码头时不仅要看风向，还要看潮流。对于船舶操纵，车叶（螺旋桨）、舵和锚这三大设备最重要，千万不能失误。他还谈到驾驶员对航道港口要摸底，如天津内港只能容100米长的船掉头，上海黄浦江陆家嘴一段，河道弯曲，流速变化，行船要特别注意，航海界就有“船长好当，陆家嘴难过”的说法。对驾船来讲，该船的驾驶室在船尾，盲区达200米，使出入港不便。船长很欣赏邻近的码头上靠泊的一艘3000吨级的丹麦籍货船。那船的机舱在船中部，前面3个货舱，后面2个货舱，船上5副起货吊杆可同时操作，装卸货比这船要快些。

他还介绍了船上的值班制度，并安排师生轮流到驾驶室和机舱去见习值班。

轮机长则介绍机舱内主机和各项设备的运转和维护。他说机器安全运转要靠勤摸、勤听、勤嗅、勤检、勤修，及早发现毛病和异常之处，及早处理。还谈到这船是“大跃进”时期的产物，许多地方考虑不周到，缺点很多，特别是机器拆装不便。杨则介绍了几种船型的发展趋势，受到船员们的欢迎。这次上船实践，使杨又学到了许多书本上学不到的东西。

第九节 《船舶静力学》与《船舶概论》的编写

50年代末进行的教育革命与改革，使高等教育的目标、计划几经变化，教学秩序比较凌乱。1961年中央下发了“教育工作60条”后，教学秩序开始恢复正常。

杨槱从船厂调到学校，多年来一直担任着系主任和教务长职务，但他一贯坚持认为：“自己是一个教师，不应脱离教学实践，不能离开讲台，总应讲授一门课。”当时交大船舶制造系出现了“僧多粥少”现象，但他还是争取到一些教师不很热心的他的老牌课程《船舶静力学》。虽然杨槱对此课程已有多年的经验，但他还是全力以赴，特地翻译了苏联天山斯基所著《船舶静力学》

一书，还专门研究了留苏学生的笔记和自己在英国大学时的笔记，与助手刘静重新编写了《船舶静力学》教科书及一本习题集，该教科书以后被其他高校普遍采用。

36 年后，刘静回忆道："《船舶静力学》是一本造船系学生必修的专业基础课。杨先生作为资深老前辈，深知这门课程的重要性，因此，他对编写出版工作十分重视。作为他的助手，他要我做的第一项工作便是协助他编写出版《船舶静力学》教材，而且特别要求我独立承担该教材中分量很重的'抗沉性'一章。开始我很担心自己能否胜任，深感力不从心，但杨先生对我严格要求，耐心帮助，提供了不少参考资料。他自己更是身体力行，从大纲到具体章节等主要内容，都亲自撰写。为了保证质量，在按计划撰写完毕、交付出版之前，杨先生还从头至尾严格审核，包括每一个公式的推导和每一幅插图的标号。尤其是他亲手撰写的几个章节中的插图，都是亲自绘制，十分精美，可见他在几十年船舶设计工作中积累的基本功十分扎实。"

杨槱早在 1956 年曾编写过船舶概论教材，到 60 年代已经有点过时了，何况那时号召师生下厂上船，知识面需要扩大。于是他在 1962 年主持编写了一本更全面的造船专业读本《船舶概论》。这本教材共 201 页，先叙述船的一般性能和造船科学的内容，随后讲航道和港口、船舶发展史、船的类型、船的几何特征、船的航海性能、海上安全、船的建筑布置、水面舰艇和潜艇的布置和设备、海军武器、船体结构、船舶设备与系统，以及航海仪器、船舶动力装置、船舶电气设备、无线电通信和导航设备，最后谈造船厂、船舶设计与建造的过程。这本书是杨槱和朱霞等编写的，但当时只能以“教研室”名义发表。

第十节 开始带研究生

1962 年，杨槱当选为中国造船工程学会副理事长。

1963 年，教育部要求有条件的高校培养研究生。当时按苏联模式对研究生要求还是比较高的，除了一定的理论基础，还必须完成一篇有创见的论文。

“我本人只获得过一个学士学位，没有当过研究生，更无缘硕士博士学位。”杨槱如是说。但从 1944 年 27 岁任交通大学造船系教授以来，已经有了 19 年的大学教授资历，作为造船系主任，理所当然应该带研究生了。

他的第一个研究生是顾树华，当时正在考虑船的稳性和摇摆问题。在有风涛的海面上，船的摇摆对船的安全性和船上人员的舒适性都有密切的关系。那时海洋不规则波理论与船舶的适航性是造船界的热门话题，对船在波浪上运动的预报也是很好的课题。但杨槱想搞更实用、更易见效的题目，就选了“被动式减摇水舱”为研究方向。顾树华在杨的指导下为此做出了创造性的劳动。他设计、监制部件并装配了我国第一个减摇水舱摇摆试验台，这个试验台后来一直使用了几十年，承担了大量的试验研究工作。1965 年顾树华完成的论文《被动式减摇水舱的模型试验及其在设计中的应用》，成为船舶设计单位开发被动式减摇水舱重要的参考资料。

1963 年杨槱参加船舶科研规划的制订工作，具体负责船舶力学部分的规划。未曾有过研究生学历的他自觉数学、力学基础薄弱，总想进修一次。正好当时上海船舶科研所与交大合办一个为期一年的数学、力学进修班，杨被聘为班主任。杨想，这既是个工作任务，又是个学习的好机会，他当即向校领导提出了脱产当班主任的想法，这样可随班读书，但校方未能同意。这使杨倍感无奈，但他并不甘心。

第二年正值高校实行教师休假制度，因杨槱多年忙于行政与教学工作，没有休假机会，这时学校安排杨槱休假一年。“学习机会真的来了！”杨兴奋异常，当即拜孙薇荣、江秋涛、柳康宁三位青年教师为师，学习高等数学、理论力学和流体力学。真所谓“道之所存，师之所存也”，当了 19 年大学教授的杨槱重新认认真真做了一回学生，这位教授级的“老学生”，在此期间，光高等数学就做了1000多道习题。他的认真态度和上进心，也深深感染了三位青年教师。这次学习坚持了8个月，后因学校下达了新的任务，停止了他的假期，才使这次难得的学习生活提早结束。许多年后杨槱体会到：“这次学习对自己后来从事工程项目的技术与经济分析带来极大的帮助，也提高了阅读科技文献的能力，真是一辈子受益无穷啊！”

第十一节　参加军用舰艇的教学和研究

20世纪60年代，上海交通大学船舶制造系的主要教学和科学研究方向开始转向军用舰艇。1965年杨槱开始参加水面舰艇的教学工作，这一年他担任毕业班学生毕业设计的指导工作。

5月初，杨带领一个班级的学生和4位教师去浦东海军船厂与该厂的技术人员合作设计一艘公安部队的巡逻艇。他查阅了有关书籍和文献，船厂也让参考一艘排水量100吨的炮艇的全套图纸和计算书，这是真正有实用价值的参考资料。几位炮艇艇长和军士长讲述了小炮艇在风涛海面执行任务的艰辛，有时艇的横摇摆幅达40度，加上夏季炎热，冬季酷寒，他们对艇上的舱室和甲板设备的布置、艇员生活设施都提出了一些很好的要求与建议。

杨带领师生经过计算分析，确定了艇的主要尺度、船型要素和主机型号以后，由下厂的几位教师分别负责总布置图、艇体型线图和艇体结构图的绘制，杨则负责协调工作，并手把手地教学生画图、计算。他始终密切注意组成全艇的各项重量及其重心位置。艇体的每一个构件，艇上的每一台机器、设备和系统的重量都要求准确计算。因为过去的经验是舰艇造好后重量总要增加，而且重心也一定有所提高，导致舰艇服役功能的降低。因此设计时就要留有裕度，在设计及建造过程中，凡有改动之处，都要严格控制重量和重心的提高。

师生初进厂时，厂方安排他们住在一艘待修的工作船上。后来这船开始修理了，大家就搬到船厂附近一个海军驻地，和战士们一同食宿，从而了解军营生活。开始大家情绪很高，夜以继日地干，有充分信心把设计搞好。一个月后，许多人吃不消了，于是就规定下午 4 点半收工，搞点文体活动，晚上也不再加班，各人自由支配。又过一个月，设计工作的进度还不错，图纸和计算都能按期完成。但把图纸交给船厂的技术人员审查时，却发现了不少问题：图面质量普遍较差，总布置图有一些地方非改不可，艇体结构图也发现几张图之间有矛盾，对不起来等等。至于甲板设备的布置，桅杆的设计，以及通风系统、照明线路与灯具布置等图纸问题更多，有的要重新设计。教师的弱点和学校教育的问题都暴露出来了。“我们连设计室的清洁卫生和工作秩序也未搞好，在这方面我们还要学习许多东西，在任何时候都不能骄傲自满，也不应固执己见。对不熟悉的东西，就应虚心、满腔热情地向能者学习。在遇到挫折的时候，灰心丧气于事无补，反过来要百折不挠，努力克服自己的缺点，从头学起。这些都是我当时对教师和学生讲的心里话。”杨櫆后来说。

在船厂区景工程师等优秀技术人员的帮助下，师生们于 7 月底完成了设计任务。后来，该艇在建造中有些图纸不能用，船厂的技术人员则重画了。但他们还是肯定了交大师生们的成绩，厂领导仍然承认杨櫆等是新艇的设计者。

第二年 5 月底，该艇建造完成，命名为“沄州”号。在黄浦江试航时，杨上艇指导测试主机功率和艇的航速，并测量艇体振动情况。该艇采用方尾，艇尾部两侧水流汇成一股，涡流变窄，航速达到 15 节。总的来讲，试航是成功的。杨说：“后来我每次去浦东，在延安东路外滩搭乘渡船过江时，常看到该艇停在那里待命，心情颇感宽慰，船厂领导告诉我，水上公安局对艇的性能十分满意。”

第十二节 船舶政策会议

1966年我国第三个五年计划开始，国家欣欣向荣。1月2日新年刚过，杨槱去北京参加国家计委召开的船舶政策会议。他参加海洋船舶组，主要议题是租船、买船和造船的问题。当时我国对外贸易迅速发展，远洋货运的年运量已达1500万吨。那时我国仅有几十艘远洋货船，载重量总计不过几十万吨。外贸运输公司采取租用外国船的办法完成运输任务。如不租船，就只能委托外国航运公司运输，将耗费更多的外汇。对于买船，杨与代表们建议中国远洋运输总公司向中国银行贷款，购买现成的外国船，来加快我国远洋航运事业的发展。购买现成的船，主要是二手旧船，付款后可以立即拿到船，投入营运，也就立即有收入，资金周转快、回收快。那时大家达成一个共识，即在促进国内造船的同时，不应排斥租船和买船。但这个正确的意见并未被采纳，且在后来发生的“文化大革命”中受到严厉批判。一直到粉碎“四人帮”、拨乱反正之后，我国远洋航运才得到飞跃的发展。

会议还热烈讨论了船的使用年限问题。许多代表主张“厚板政策”，这就是加强船体结构，把甲板、船壳板加厚，以加大锈蚀裕度，使船的使用年限延长到35～40年，说这样可以节省修船费用。杨槱则在会上提出自己的不同主张，认为想以延长船的使用寿命来减少年折旧费，表面上可以增加年利润，但实际上，海洋船舶使用25～30年后必然会因维修费用太高、经济上划不来而报废，如那时船的投资还未折旧完，将反而导致经济损失。他认为考虑船的使用年限，必须计及技术进步和设备更新。25年以上的老船的营运效率已经很低，很不经济，船舶政策应使船队能保持优良的技术状态，而不是相反。

当时的建国方针强调我国要在短时期内建成一个打不烂的后方，经济建设要让位于三线（即后方）的战略建设。因此在“三五”期间国内远洋货船的建造仅安排了3艘，与会者认为太少了，大家深表忧虑。

第五章 “文化大革命”中的学术权威

第一节 终于被隔离审查

1966年，当“文革”的乌云逐渐逼进整个中华上空的时候，人们对其迅速增大的危害性是始料未及的。真正可悲的是，对这场称作“无产阶级文化大革命”的运动，无论是批判者还是被批判者，大多数的人们是怀着虔诚的心理对之衷心拥护或服从的。“资产阶级统治我们学校的现象再也不能继续下去了”，大学的教授、学者们成了批判的主要对象，许多老教师被认为是“反动学术权威”，尽管1966年杨槱还不满50岁，但作为交大的教务长、造船系主任，当然未能幸免，理所当然地被列入了要打倒的“老”字行列。

7月3日，针对杨槱的第一张大字报出来了，说他是“只会开会坐主席台，对人民没有功劳，什么事也不会做的菩萨”。有人说杨槱是“两开”人物，即国民党时期吃得开，共产党时期也吃得开，现在要向这种人“算账了”。

“文革”前学校党委统战部的领导一直与杨槱比较接近，但一下子突然对杨槱开始回避，有次杨槱有事向他请示，他马上一口回绝，把责任推得一干二净，这使杨槱感到非常迷茫与失望。

11月，杨槱随教研室的教师到奉贤县丁夏八队参加“三秋”劳动，割稻、挑担对于一个年近50的知识分子来说，在体力上是一个严峻的考验，但唯一使他感到宽慰的是，两腿沾了污泥的农民没有歧视他，还称他是“杨老师”。

转眼已是第二年的春节，铁路的春运高峰来到，这时全国“红卫兵”运动已经发展成“大串联”。杨槱被派到火车站维持交通秩序，一列列远方来的列车徐徐开进车站，涌下来的是穿着军装的青年学生，有的年龄不过十几岁，看着他们穿着单薄的衣服，在车站哆嗦地跑着，杨槱突然想起了30年前，自己也是这个年龄，离开父母，离开家乡，远涉重洋去欧洲读书，这正是人生最佳的读书学知识的青春时代啊！他看着这群情绪激昂的年轻人，心想，不知道他们来到人地生疏的上海，是否有接待的单位，他们单薄的身体是否能抵御冬天的寒风？

一边是离开课堂的红卫兵学生，一边是走下讲台的教授先生，时代的列车让多少新中国的人们在这特殊的年代被卷入“大革命”的漩涡中，而不可逆转的求学黄金岁月在这轰隆声中被无情地碾碎抛弃了。

一瞬间春去夏来，1967 年夏，杨槱又被派到奉贤丁夏八队参加“三夏”劳动，年前“三秋”相识的老农握着杨槱的双手：“杨老师，欢迎！欢迎！你能来劳动，证明还没被‘隔离’，还算幸运！”“谢谢！”杨槱真的感到几分欣慰，也不知说什么好。

10 月，党中央下达了“复课闹革命”的指示，杨槱感到很高兴。学校的教学和科研工作已停顿一年多，人力物力损失很大。杨槱总想尽一己之力为国家为人民做点有益的事，于是杨槱下到 11231 班，大多数学生对他表示欢迎。杨槱编了“船舶的抗沉性”一章讲义，由别的教师讲授，杨槱则负责教学辅导和批改作业。有环卫部门来请教一个技术问题，说有一艘运垃圾的船，倒车时操纵不灵。杨槱看了图纸后，发现这船首部水下部分被削去过多，以致船的水下部分的压力中心过于后移，这样，船倒车时航向就不稳定了，但如何解决问题杨却无能为力。

怎样搞教育革命？学生们提出“当兵一年，当工人一年，当设计员一年”的设想。杨槱认为重视社会实践和生产实践是正确的，但大学有培养业务骨干的责任，课堂教学绝不能忽视。干部应具有扎实的科学理论基础和一定的专业知识，具有较强的自学能力。他赞成精简课程和教学内容，多安排一些实验和设计制图作业；暑假应长一点，以便学生能更好地下厂、上船，参加生产劳动。那时，学校本打算招收新生，但校内外的“斗争”更激烈了，学校的“革命三结合”始终搞不好，上海交通大学停止招生达 7 年之久。

转眼间到了 1968 年春天，事态的发展终究撕毁了奉贤老农的祝福，全国“清队”工作开始了。有一天，“嘭！嘭！嘭！”的敲门声打破了湖南路杨家的平静，造反派蜂拥而至，一群人翻箱倒柜地抄了杨槱的家，当时他正在学校工作，被命令不许回家，在校接受拘留审查。后来才知道，抄家的理由是说他“里通外国”。于是，杨槱写了大量的自我检查，如实叙述自己以及几十年来接触过的许多人的历史情况的书面材料。

对于这一年的隔离生活，杨槱道：“所谓‘里通外国’，是指我当年在大连工作时，儿子杨思远在当地干部子弟学校的两个同学的父亲是日本人，据说是日共主要人物之一，母亲是台湾人，父亲已回日本，母亲亡故，姐妹俩由军区照管，‘文革’串联时到过我家，这就算是里通外国了。我在拘留期间不许回家、不许开口，只能在校园看大字报听广播。安排我住学生宿舍，我跟一个患肝炎的学生同住了半年左右。随后又与几个教授同住，让写交代。有些学生很凶，有时被他们无故骂一顿，总算没被打。什么尊师重教，就是人格尊严，全都打翻在地。那个患肝炎的学生还比较老实，每天一个人在毛主席像前早请示晚汇报。有一次批斗会我被拉上台，我从没被单独批斗过，心里有点紧张。但我心想，除非打死我，自杀我不干。后来我要看病，就放我自己去，我也准时回来。”

“清队”工作整整搞了一年，杨槱是重点对象之一，这一年中，他住在学生集体宿舍中，除了无休止的检查，还须参加各种体力劳动。在建造学校游泳池和砌围墙的工地上，杨槱常常在烈日下干得汗流浃背，晒成了个黑人。学校工宣队领导的住房需要有人打扫卫生，于是，作为大学二级教授的船舶专家又成为一位勤恳的擦桌扫地的清洁工。

有着英国格拉斯哥船厂学徒经历和青岛船厂工务课长资历的杨槱，对这些简单体力劳动本身就驾轻就熟，他的勤恳、认真和人前人后始终如一的态度，特别是每天把工宣队的住房打扫得干干净净，甚至得到了工宣队的表扬。

业务书是禁止看的，这是被称为“走资产阶级的白专道路”，是被批判的一个重要方面。知识分子离开了书本与文字是一种痛苦，有一次，杨槱在扫地时偶然发现墙角一本恩格斯的《反杜林论》，也许是工宣队扔掉的，于是成了杨槱心爱的读物。

1969 年夏，杨槱又随学校师生徒步去青浦县参加三夏劳动。这时距离 1967 年赴奉贤农村参加“三夏”劳动又过去了两年，两年的批判、审查与劳动改变了杨槱的容貌，加上他本来皮肤就较黑，使他更像一位清洁工、一位老农，但却难以改变一位知识分子的秉性。青浦水乡的碧波纵横和橹桨摇曳中的劳动号子，突然重新激起了杨槱的神经与灵感。船工手中橹的划动使船自由进退与转向，十分灵便，而橹却始终深没于水中，这大大提高了船的推进力，于是《橹——有效的船舶推进工具》一文在好几个夜晚昏暗的灯下写成，但未能发表。

1969 年下半年，全国副统帅林彪下达一号命令，学校师生都要离开城市，疏散到农村。杨槱来到了奉贤光明人民公社，他被分配到厨房劳动。他每天的任务是洗菜、切菜、斩肉、杀鱼及打扫厨房清洁卫生，这个活一直干了 10 个月，同样由于杨槱的认真，又受到了众人的赞赏，杨槱又成了一名称职的“老厨工”。

1970 年夏天，全体师生回到上海，杨槱很快又被派去建造虹桥路工地的人民防空工事——防空洞。开始是推运水泥，随后被派去踏三轮车运送饮料，每天要运送

4次，每次都要把饮料桶彻底洗干净，到校内员工食堂旁边的饮料供应点装满饮料后，踏到虹桥路的人防建筑工地。此外，还要检查三轮车的刹车和轮胎，于是他又很快就成为不错的三轮车夫了。当时对杨的审查已基本结束，属人民内部矛盾，但仍规定不许“乱走乱动”。

对于那段半隔离审查时期的生活，有一件事使儿子杨思远永世难忘。有一次杨櫆晾被单时，把藏在里面的学校的饭票给丢了，又不能回家，身边又没钱，于是他每天到学生食堂把学生扔掉的馒头拿来充饥，这样，他不费分文安然度过了两个星期。后来家里知道了这件事，杨櫆却非常平静地说：“看着学生扔掉的馒头，多可惜，一样可以吃嘛！”

对隔离期间的遭遇，生性豁达的杨櫆始终认为，自己和“文革”中的其他人相比还算好，用30年后他的话说：“我从来是与人为善，宽以待人，从来没有打击别人抬高自己、没搞过人，恨我的人没有，我的人缘好。有时碰到误会，我便会对他说，我态度不好表示道歉，这一来，误会消除了。”行善未必是“文革”中少受折磨的理由，但从中可窥见杨櫆的心态与为人。

70年代初，杨櫆终于从靠边隔离审查中“解放”出来，在此期间，无论是干粗活还是脏活，他总是义无反顾地服从组织安排，从不计较。

对于“文革”后期的生活，2008年杨思远回忆说：

70年代“文革”后期，我交大毕业后分配到鞍山工作。记得我走前不久，父亲刚从靠边隔离审查中“解放”。临行前他到车站送我，一上车就递给我一套精装本的《毛选》，并意味深长地对我说：“我对共产党有信心，我准备入党。”我听后愣了一下没有反应过来。当时我年轻，没有真正理解这话的含义，还觉得在当时环境下父亲说这话有点天方夜谭，以后才慢慢体会出父亲的良苦用心。

我到了东北不久，父亲有机会跟一艘船到大连搞项目，他利用船在大连整修一天的机会，坐了七八小时的火车来看我，那时交通不便，只逗留了很短时间，当天晚上9点再坐车赶回去。每年我回上海探亲，临别时父亲总是亲自送我去火车站。记得那时是上午七八点钟的火车，我俩早上5点就起床，父亲和我一起推自行车到公交15路车站，一路上听着父亲的叮嘱，看着父亲操劳的背影，我感慨万分。

父亲非常支持我们子女到外地工作支援国家建设。我弟弟初中毕业后，由于我和妹妹分别在鞍山和合肥工作，按政策完全可以留在上海，但弟弟主动要求去北大荒，学校和母亲都不赞成，但父亲坚决支持弟弟，为此还与母亲意见不合。他那时挂在嘴边的话是：“如果大家都在家享福的话，那国家怎么办？”一次，我太太帮弟弟洗衣服，无意中从弟弟口袋里看到父亲写的一张纸条，上面写着“坚决支持你去北大荒”几个字。后来因为是属于“独留”子女，弟弟被分配到闵行工作，但好儿女志在四方是父亲的一贯想法。

70年代，父亲被下放到安徽凤阳五七干校劳动，他发现当地有户农民生活相当艰苦，于是两次偷偷跑到邮局匿名给这家寄钱，按当时的工资比例数额是相当高的，农民收到汇款后向大队汇报想报恩，大队始终未能查到寄款人，农民一直没能如愿。这事别人都不知道，还是父亲许多年后亲口告诉我太太的。

父亲生活俭朴，家中剩余的饭菜，他总是第二天做成菜泡饭或下面吃，绝不允许倒掉。“文革”后我家不再用保姆，许多家务是父亲亲自做的，早上他还去买菜。父亲爱整洁，喜欢理书，他的书房总是一尘不染。他还有写日记的习惯，即使在靠边审查时也不间断，家中原先有许多父亲的笔记本，可惜经过几次搬迁丢失不少。父亲平时爱好体育锻

杨樾在表演太极拳

炼，他擅长游泳、太极拳，还爱好集邮。早年在广东时，父亲杨式太极拳打得相当有水准。在我儿时的记忆里，每天早晨打拳是父亲一天中雷打不动的事。父亲年已九旬，仍满头乌发，吃得下饭睡得着觉，继续从事着心爱的学术研究，这要归功于他对名利的淡泊和有序的生活规律。

父亲心胸开阔为人宽厚，他富有同情心乐于助人，从不要求回报。周围邻居、门卫都觉得他是个和善的老人，即使托人办微不足道的事也总是千恩万谢。

70年代后期，父亲经常骑自行车上下班。有次骑车到长寿路被一辆卡车撞倒在地，父亲被送往医院时满脸是血，所幸经医生检查只是外伤。等包扎处理完毕后，肇事司机过意不去，买了麦乳精来到病房看父亲，父亲反过来安慰他，嘴里直说：“是我不好，是我不好。”

在五七干校，杨槱白天参加农田劳动、铺路挖沟，晚上还要自学日语，这时他已经55岁了。看到当地农村的孩子因贫穷失学，他自愿在农民夜校里担任了小学算术和珠算两门课的教学。这些孩子大概不会想到，他们眼前的启蒙老师，这位戴着深度眼镜的慈祥长者，竟是一位大学的著名教授，一位中国的造船专家。

第二节 重回造船厂

1970年底至1972年底，杨槱随部分教师赴上海船厂参加生产劳动。在离开了无休止的审查与监督的羁绊后，踏上火热的船台，望着黄浦江滔滔如旧的波涛，看着头顶上缓缓移动的吊车，地面上成堆的纵骨、横梁和肋板，那尖锐的批诺枪声此起彼伏，这位曾经是船厂学徒工、工务课长和副总工程师的老人，不禁思绪澎湃，胸中涌起了一种特别的暖流。气割和电焊是几十年前当徒工练就的基本功，所以他一上手就获得了周围人们的惊讶与好评。

不久，船厂要求开发一种新的称为“山”字号的万吨级远洋干货船。当时已经在造的“风雷”“风光”号均是60年代设计的，布置、结构和性能上都已落后，杨槱和船厂同事们在查阅了大量的造船刊物及有关资料的基础上，使“山”字号的总布置图、船体型线图及钢材选用都有了新的突破，但后来由于种种原因，“山”字号干货船的设计也同样被束之高阁，没有建造。

1971年冬，“风光”轮的船东——上海远洋运输公司和船舶检验局上海分局对该船的稳性提出了疑问，杨槱担当了重新计算检验的重任。这是杨槱第一次用计算机程序来计算船舶稳性，他第一次尝到了用计算机代替人工计算这一“梨子”的滋味。杨槱检查了该船的稳性计算资料，主要是满载情况的稳性似有不足。过去的稳性计算只包括了船首楼，未包括甲板室。后者的影响应否计及？各有关方面有不同意见。杨对过去的稳性曲线计算的准确性也有疑问。为此，他用不同的稳性计算方法，包括积分仪法和直接法，算出该船各种装载状态的稳性曲线。用手工计算，工作量很大，对每项计算都要反复校对，才能确保无误。那时上海船舶运输科学研究所和上海船舶设计院共同组织了一个计算机辅助船舶设计的研究班子，编制了精确计算船舶稳性的计算机程序。杨用这个程序在华东计算研究所的 X-2 型计算机上计算“风光”轮的稳性。“电算”的结果与直观的、较可靠的“直接法”相接近，而且是根据放样后准确的型值计算的，因此电算结果可以认为是可靠的和准确的。他还计算了上层建筑仅包括船首楼和也包括甲板室两种情况的形状稳性曲线。

1971 年 12 月 20 日杨随“风光”轮到江南造船厂，在船坞中进行了“倾斜试验”，从而准确地求得了空船状态的排水量和重心高度。然后进行了满载、压载、装甲板货等 6 种装载情况的稳性计算，完成了极限初稳性高和极限重心高度的计算书。他还研究了液舱中的自由液面对大倾角稳性的影响。最后，证明了该船的稳性是足够的。

通过以上两项工作，杨写了《关于万吨级远洋货船的主要尺度》和《关于万吨级远洋货船的稳性问题》两篇文章，交给上海船厂的技术人员评阅，得到了他们的好评，可惜这两篇文章后来都丢失了。

第三节　抓住机会多参加一些船舶技术工作

在 1972～1975 三年间，杨槱还参加了一系列的船船技术工作。

1972年8月，教研室承担了石油部委托的翻译美国船级社《浮动钻井装置建造规范》的任务，杨译了钻井模块部分并负责校阅了全书。

1972年冬杨参加了《海船载重线规范》的制定工作。“多装快跑”是运输工作的口号，许多人认为，沿海航行风险较少，我国船一般安全设备较好，船员素质较高，如果万吨级货船的满载吃水允许增加几百毫米，就可以多装几百吨货，航运效率就提高了。但也有持相反意见的，他们认为，船的干舷过小，遇大风浪时，海水涌上甲板的情况将大为增多，对船的安全航行不利。为解决这一矛盾，教研室请了一些经验丰富的船长来座谈。“红旗”轮的船长谈了他最近一次航行的情况。这船是50年代后期苏联设计的、大连造船厂建造的万吨级蒸汽轮机干货船，船的主要尺度和主机功率较大（9562千瓦），航速较高，适航性优良。该船空载从上海出发，直驶加拿大。在日本海遭遇低气压，风浪很大。由于空载，吃水浅，干舷大，因此甲板上浪情况不多。但一浪打来，船体剧烈振动，横摇周期仅9秒，摇幅达20余度，船上所有电子助航仪器都不能用了，仅能依靠磁罗经确定航向。最后到达目的地温哥华港。在该港装载了10600吨小麦，船的吃水为9.47米，干舷为3.2米。回程途中遇8～9级横风，船的横摇剧烈，致使货舱内为了防止谷物向两侧移动的中隔板被压破损，船被迫改变航向，顺风顺浪航行。那时浪高9米，横摇周期12秒，摇幅仍达15～20度。由于干舷小，甲板上浪很多，有时甲板上积水达到舷墙高度，航速降低到11节。海浪涌向起居甲板室，大部分水密门渗水，舷窗上的铁盖虽已关闭，仍有海水渗入。由于船重载航行，船体振动不大，各种电子助航仪器均可使用。船到达上海后，开舱卸货时发现第三货舱中的小麦下沉了近1米。

代表们讨论、分析结果认为：国际航线当然仍须遵循1966年《国际载重线公约》核定载重线，沿海海域航行船舶的干舷可以减小一些，但也应像国际公约那样将船舶分为“A”型和“B”型，也就是把船分为液货船和干货船两类。两者在露天甲板的完整性、载货空间的渗透率和分舱等方面都有所不同，因此对核定载重线也应有不同的要求。这些调研结果与意见建议，为杨槱参加的《海船载重线规范》的制定提供了积极的参考作用。

1973年9月，已经七年停止招生的大学终于迎来了首批工农兵大学生，这些学生未经入学考试，而是由各单位按分配名额推荐来的学员。船舶制造系安排杨

视察长江口航道（1995 年）

槱带几位教师和一个工人进修班的学员去浦东的沪东造船厂，结合生产实践进行教学。教学班承担了 35000 吨散货船的设计任务。当时长江口航道水深 7 米，准备挖到 8 米，加上潮差 2.5～3.0 米，乘大潮进港，船的吃水也不能超过 11 米。航海界认为进入长江和上海港的船不应超过 200 米长，否则掉头不方便。最后确定新船的总长为 195 米、宽 28.4 米、吃水 11 米，主机采用国产 6472 千瓦柴油机，航速约 14.5 节。此船以运煤为主，兼运谷物和矿砂。矿砂的密度很大，可能要隔舱装载，因而对船体强度和稳定性、适航性的要求是很高的。船厂的龚明煌等同志对该船的经济性做了较仔细的分析。在随后的评审会上，该船的设计获得好评。当时上海交通大学搞了一个科研成果展览，该船的设计也在展出之列。学校那时还不敢表扬杨槱，有的学员为此不平，但杨认为，在与工人同志日日夜夜的共同工作与生活中建立了深厚的友谊已感到心满意足。虽然后来由于客观条件的限制，该船的设计未能最后完成，再一次留下了遗憾，但杨槱在紧张的设计之余，编写了一本几万字的《散货船设计》教材，获得了上海船舶设计院一致的好评。

1973年学校开学后，杨就不遗余力地要为造船教育多做一点事，这一时期特别在理论与教材编写上建树颇多。他写了好几篇文章分别介绍当时新造的几种船，如万吨级干货船“风雷”号和破冰船“海冰101”号等。写了一篇《军舰发展史》，作教材之用。他还写了船舶抗沉性、船舶推进器和海船稳性规范等多个章节的教材。写这些教材时，他力求使学生深刻理解各个公式和计算图谱的理论依据及怎样建立这些公式和图谱。

杨趁去大连出差的机会，访问了过去工作过的大连造船厂（那时还称红旗造船厂）和大连工学院，与技术人员、教师交流造船教育问题。他们一致认为基础科学理论特别是数学和力学与造船工程技术人员的“后劲”

有重要关系。他们认为，对技术窍门不仅要知其然，还要知其所以然，对新技术应具有消化、吸收和创新发展能力。实验课（船模试验、受力结构的应力测量等）和下厂实习（最好跟着工人老师傅干活）是重要的教学环节，不能削弱。学造船的要上船去跑一两个航次，跟着木匠和水手长做些船上日常工作是有益的。学校与船厂合作，师生与船厂技术人员联合开发典型产品、进行设计工作也是可取的。大连同行的意见与建议印证了杨槱几十年的人生经历与经验，对此杨颇为宽慰与兴奋。

1973 年 12 月 18～26 日，杨参加了船舶检验局组织的《海船稳性规范》研讨会。《规范》于 1959 年制定，1960 年颁布，试行已经十几年了，积累了不少经验。一般地讲，我国规范的要求比日本规范高些，但比苏联规范显得宽了一点。这次组织有关单位 30 人，成立了一个研究组，该组的任务是：对一些问题进行分析，对一些实船进行分析比较。探讨的问题有：航区划分，用倾斜试验和摇摆试验测定船的重心高度和横摇周期的具体要求，稳性的基本衡准，对稳性曲线的要求，自由液面的影响，结冰计算，对渔船、拖船和散装谷物的特殊要求等。这次还对 294 和 441 千瓦渔船，“长征”型客货船，“东风”、“庆阳”、“安源”、“风光”等干货船，441 和 883 千瓦拖船和“桂海”、“粤海”等小型货船都进行了核算，表明《规范》所定的基本衡准还是适用的。会议的研讨成果在1974年《海船稳性规范》修订中得到反映。

1974年秋，杨参加了《船舶名词术语》的制定工作。为了广泛征求有关方面的意见，他决定去长江沿线的船厂、科研设计单位和高等院校进行调查研究。

12月中旬杨从上海搭乘飞机去重庆，首先访问了江北县青草坝的四川省船舶修造厂和唐家沱的东风船厂。杨30年后旧址重游，颇为感慨。两厂技术人员在艰难的情况下勤奋工作，发展了当地需要的一些特种船舶。在与他们的交谈中，知道导流管对川江船并不适合，螺旋桨外围罩了导流管，虽可增大推力，但船的回转与倒车性能差了，而这正是川江船的重要性能。他还了解到在川江，为什么人们喜欢舢板式的平头船。因为在急流航段，平头船过滩时不会向水中“钻”，而可以抬得起头，同时平头船也比尖头船好拖。

在讨论船用名词时，老工程师们提出了如何对待一些传统称呼的问题：如舷弧称“昂势”，梁拱称“抛势”，复板称“重磅”，舵称“水关”，螺旋桨称“车叶”等等。他们认为起重船俗称“浮吊”也可用，自航驳不如称“机动驳”等等。

这次四川之行，使杨有机会观赏了著名的长江三峡航道。他在重庆登上“东方红 38”号川江客货船，该船系武昌青山船厂所造，总长 77 米，吃水 2.65 米。船上的二、三、四等舱的铺位均不多，主要是三层铺的五等舱，春运高峰时可载千人，票价低廉，适应当时的消费水平，因而甚得好评。船于早晨 8 时起航，沿江下驶，航行 12 小时到达万县。半夜船又开航，进入三峡。杨第二天醒来，走上甲板一看，真是峡谷航道胜景：忽而悬崖峭壁，忽而重山绵延，前途似无路，转道复有途；深谷前水平如镜，石滩外湍流奔腾。在青滩处见有“向我来”巨石，船员们对他说，以此石为目标，迎面驶去，可安全下行，如若企图避开该石，则必然触礁遇难。这真是天下闻所未闻的一大奇观！新中国成立以来，交通部门对这段航道做了大量的整治、炸礁与疏浚工作。江中航标相继，夜间犹如两排路灯，左白右红，护船通行。为维护这些航标，航标工人付出了巨大的劳动，每 20 公里设一航标站，每 200 公里有一航标队。下午 3 时船抵达宜昌，晚 9 时半到沙市。杨在长江中游迎来了 1975 年的元旦。第三天起床后，只见江面开阔，四周平原，一望无际，景色与上游迥异。当天下午黄昏时到达汉口。杨去了武昌 701 研究所、武昌造船厂和长江船舶设计院等单位，还去汉口访问了海军工程学院。

统一船舶名词术语的工作是相当艰巨的。当时船厂使用一些习惯俗称，有些是与英语音似，设计研究单位和高校大体上有一致的看法。但有些名词还在议论之中，例如“船中”用两个字还是合并为一个“舯”字。“初稳性高”是稳心距重心的垂向距离（是小角度倾斜稳性的指标），于是有的单位称“初稳距”，也有称“重稳距”的，过去按英语直译则是“初稳心高度”。在海军文献资料中用的有些名词与民用船舶单位用的又有差别。

早在1951年，大连造船厂建厂委员会曾编过一本《船舶名词（英汉对照）》。“文革”期间由于学校停课，设计研究单位任务也不多，教师和技术人员便利用空闲时间，先编辑出版了一本《英汉舰船科技词汇》，杨曾参加了编辑和审校工作，这次编《船舶名词术语》是《词汇》工作的继续。

后来到80年代，中国造船工程学会和上海交通大学合编了一本有8300词条和1200幅插图的《船舶工程辞典》，杨被聘为审稿人之一。1992～1995年，全国自然科学名词审定委员会组织编辑《船舶工程名词》，杨被聘为编辑委员会顾问，参加评审工作。

第六章　中国计算机辅助船舶设计的倡导者

第一节　54 岁学计算机

1971 年，杨槱在上海造船厂从事万吨级货船设计，特别是后来对“风光”轮的稳性和总纵强度进行校核时，深感应用计算机进行各项计算不仅可以提高工作效率，而且可以提高计算的精度和准确性，应该掌握这项技术。

杨槱最初见到电子计算机还是在 20 世纪 40 年代。

1945 年初杨槱访问美国波士顿附近的麻省理工学院时，参观了他们研制的第一代电子计算机。该机有上万只电子管，机体重达数十吨，设备布满了几个大房间，当时该机已能完成一些较繁复的数学运算。

50 年代末，我国第一台电子管计算机诞生。60 年代中期，晶体管计算机研制成功。由于计算机的计算速度快，能有效地迅速完成诸如求解较大的线性方程组等计算任务，而且可以轻而易举地改变参数、重复计算，因此很快就在各个科技与管理领域得到应用。

在造船领域，60年代中期，设计研究单位与计算机专业人员合作编制了一些船舶性能（包括静水力曲线、稳性和船体强度）的计算机程序，这些计算虽不复杂，但计算量很大，如用人工手算，一个项目往往要花一个月时间，用计算机几天就可完成。

有了计算机，过去设想过的“数学船体型线”和“船体数学放样”就有实现的可能，此项目很快就成为热门课题。“数学放样”如获成功，造船厂里庞大的放样楼就可改作他用，船体放样工作可以更快更准确地完成，造船周期可以缩短，具有非常明显的经济效益，因此吸引了众多的船舶设计、研究单位和造船厂的科技人员参与研究。

杨槱的计算机“启蒙老师”是上海船厂他的学生张友隽和交大李润培等人。

张友隽是杨槱十年前的学生，1971～1972年“文革”期间，师生相逢于上海船厂，使他们百感交集，杨槱不耻下问，更使张油然而生敬意。

25年后张友隽回忆那段往事：“那时，白天我们在中科院华东计算所上机计算，在前一天晚上必须穿好孔，并做好校对工作，否则一个小小的错孔，就会停机，造成机时浪费。我们担任的计算内容复杂，方案多，工作量大，任务确实很繁重。所幸的是杨老从程序调试、方案确定、数据准备一直到穿孔、校对等等，样样都有兴趣，事事都亲自动手，仔细认真地干。我们经常白天边上机调试程序，边进行修改，这样纸带穿孔和校对就成为十分繁琐但又非常重要的一道工序。为了做好下一次上机前的准备工作，我们常在简单的晚餐后继续干，直到穿完孔才离开机房。尽管时间已很晚，但杨老还是把我们带到他家（在计算所的斜对面），在院子里挑灯夜战，完成最后的纸带校对工作。有时因时间紧，他还让爱人黄老师帮我们一起干。在杨老这种饱满精神的鼓励下，大家经常不知疲倦地工作到深夜也毫无怨言。当时，用电子计算机计算船舶性能和强度尚属新事物，国内资料几乎没有。我们除了上机计算外，还得参阅许多国外资料，解决一个又一个难题，最后终于完成了'山'字号方案设计的研究，使计算机的应用有了新的突破。在与杨老相处的日子里，他诲人不倦、孜孜以求的精神，仔细而严谨的工作作风深深地感染了我，值得我永远学习，铭记在心。"

第二节　首次尝试计算机辅助船舶设计

1975 年正值“文革”后期，多年的批判、斗争和运动使我国的科研活动中断，我国的船舶设计和科研水平与世界先进造船国家的差距在不知不觉中愈拉愈大。国外船舶 CAD 的研究已开展好几年，多年来习惯于关注国际科研动态的杨槱常感叹不已。1971 年曾试用船舶稳性测算的计算机程序来计算“风光”轮的稳性，其准确、快速的效果始终不能令人忘怀，为此，杨槱决心将计算机辅助船舶设计作为课题组的研究方向。

他与国内从事相关领域研究（如上海船研所、六机部十一所）的科技人员广泛联系，采取请进来讲课、派出去调研等办法，很快摸清了国内外有关研究现状。1975 年初，他应上海船舶运输科学研究所的邀请，合作进行中国远洋运输总公司所需要的 5000 吨级近洋干货船的方案研究和设计任务书的制定工作。当时还没有微机，校内仅有一台 DJS-6 计算机，虽然一天 24 小时开放，但上机要提前一周预约，而且计算机程序和数据要用穿孔机打在纸带上，这是一项很繁琐的工作。

计算机在我国推广之初，开始是年轻人的专利，由于人的思维模式与工作方法的守旧与习惯势力，许多人特别是老年人一下子难以接受计算机的语言表达与运用方式。但杨槱喜欢挑战自己，他虽然已年近60，但对新事物的敏感与追求，促使他仍乐此不疲地去学习与掌握计算机这一新技术。他很快学会了算法语言，自己编制主尺度分析程序，亲自穿纸带。与几年前一样，由于白天到计算所进行纸带穿孔和上机的人很多，需要排队，他就选择晚上夜深人静时去穿孔，白天对纸带的孔洞进行校对，晚上再去上机计算。在杨先生不断进取、勤奋工作的精神感染下，课题组成员个个奋发努力，刻苦钻研，在比较短的时间内就完成了远洋货船的主要尺度分析、用母型船设计型线、按BSRA和SSPA系列设计型线、阻力数据的回归分析，以及后来与外单位合作完成的海洋货船设计集成程序等一批研究成果。杨槱与张仁颐合著《多用途干货船主要尺度的确定和经济论证》发表于《上海交通大学学报》1982年第3期，杨槱与裘泳铭合著《干货船主要尺度分析》发表于《上海交通大学学报》1978年第1期，文章获国内同行赞许。

20世纪70年代初，计算机在中国大地尚处“小荷才露尖尖角”的时代，竟有这样一位老教授挤在一群年轻人的队伍里，如此日夜迷恋在计算机应用上，这不得不令周围的同事，特别是年轻人肃然起敬。正是他这种勤劳、睿智和预见性，加上他在中国造船界的影响力，才使他成为中国计算机辅助船舶设计的倡导者。

在5000吨经济型近洋干货船的设计过程中，除了在上海调查研究外，课题组还决定南下福建、广东主要港口了解外贸运输情况。在福州，接待单位安排住华侨饭店，一人一间，每天12元。杨槱认为这样高的房费太奢侈，年近六旬的他不顾旅途疲惫，当晚亲自去省政府招待所询问，得知房费只要2.5元，但已客满，明日有空位。第二天一早，杨槱即率领一帮人住进了招待所三人一间的普通房。

几十年后，当年与杨槱同行者道："在此之前我们早已久仰杨先生的大名，虽未受教于杨先生，但通过这些年的接触，深为他的道德、学问、文章所折服。那次出差，我们注意到杨先生没有一点教授架子，在旅客登记表的'职务'一栏，填上'教员'二字，坚持跟我们一样，住进了简陋的招待所三人一间的普通房，使我们这些年轻的技术人员，加深了对杨先生的敬意。在调查途中，大家对船型论证的方法进行了多次交谈。我们一面向杨先生介绍背景分析、营运分析与经济分析的过程与指标体系，一面向杨先生学习船舶技术分析的主尺度分析、载重量校核、稳性横摇计算、船速与功率估算等方法，这使我们得益匪浅。通过交流，船型论证方法的轮廓越来越鲜明了。回到上海以后，杨先生致力于5000吨干货船船型方案优选的计算机化，运用电算程序，对多个船型方案进行筛选，成为我国成功地把电算技术运用于船型论证的范例。在这次合作成功的基础上，我们决心总结我国二三十项船型论证工作的经验，编写出一本关于论证方法的书籍来。”

经过2个月的奋战，5000吨经济型近洋干货船的方案设计圆满完成，后经过上海船舶设计院扩大初步设计及施工设计，该船型的首制船是1979年建成的“红旗173”号轮。

由于5000吨近洋干货船设计的成功，1976年上海船舶运输科学研究所又请杨槱合作开发15000吨远洋干货船，对于这次成功的设计，杨槱在30年后回顾道：“我们花了半年的时间完成了新船的方案设计。应用我编制的‘货船主要要素分析程序’，用计算机从众多的方案中选出最适宜的船的主要尺度。那时，船的总布置图、型线图和船中横剖面结构图还是人工绘制的，但静水力曲线、稳性计算、货舱的液舱容积计算等都开始用计算机程序完成了。”

1977年3月，交通部在北京举行了15000吨经济型远洋干货船设计方案的评审会议。船的主要尺度的选择和确定部分由杨槱报告，获得一致好评。通过这次会议，杨说道：“我又学到了一些实际航运知识，例如不定期货船的压载航行率（压载航行时间与总航行时间之比）一般是25%，有的船甚至高达40%。东南亚有许多港口的锚地装卸货作业较多，因此船上必须备有装卸货设备。”

第三节　从船体设计到报价系统

1978年，上海造船工艺研究所、上海船舶设计院和上海交通大学3个单位合作，准备在众多已编的用于船舶设计的计算机程序的基础上，把这些单项程序连接起来，研制一个调用灵活的“海洋货船设计集成程序”。数据库和控制程序的建立是这个集成程序的关键，杨櫆应邀参加该程序的第一部分，即干货船船型论证及主要尺度的确定、船体型线设计、静水力性能计算等3个模块的研制。他开发的船型论证和主要尺度确定的方法被采用，这个集成程序于1979年9月通过鉴定。

这仅是计算机辅助船舶设计系统研制的第一步。1981年增加了“总布置设计”和“船体结构设计”两个模块。随后，机电设备与机舱设计程序也研制成功。

计算机辅助船舶报价系统的研制，是杨櫆与他的同事们的又一高科技成果。

用船单位（例如航运公司，俗称“船东”）要新造一艘船舶时，就向造船厂发出询价单，说明所需新船的船型、载重量、航速、在何国入级等，有时用招标说明书对所需船舶做更具体的说明。船厂接到询价单或标书后，在几周，甚至几天内就要提出考虑周到的、比较准确的报价（外贸术语称“发盘”）和有关技术资料（如报价设计或技术规格书）作为签订合同的依据。经验证明，快速、准确的报价和提供完整的技术资料，将显著地提高出口船贸易的成交率和船厂的声誉。

影响船价的因素很多，大体有：（1）造船成本，包括材料、设备、人工和管理等4部分的费用；（2）市场供求关系；（3）付款方式，是一次付清、分期支付，还是延期付款；（4）货币兑换率，特别是材料、设备需向外国订购的情况；（5）税率；（6）利润率；等等。船舶报价是一项十分困难而复杂的任务。

1981年秋，第六机械工业部采纳了杨槱的意见，决定研制“计算机辅助船舶报价系统（SPES）”，组成了由船舶设计科研单位、造船厂和高等院校参加的科研协调组，杨槱被聘为协调组顾问。船舶报价系统包括4个子系统：（1）船舶初步设计系统，先研制干货船、散货船和油船等3个船型的设计系统；（2）成本计算系统，材料、人工费要估算，对于各项配套设备，除设备本身的价格外，还要加上运输、库存、维护、安装和调试的费用；（3）商情分析系统，根据过去船价和货币兑换率的变化情况，当前的经济形势和不同的付款方式，进行有关预测；（4）专用操作系统和数据库。

1983 年船舶报价系统研制成功后，经过求新船厂、上海船厂、芜湖船厂、中华船厂、大连船厂、广州船厂一年的试用，表明系统具有实用价值，算出的船价接近实际。

经过杨槱坚持不懈的身体力行与积极创导，我国计算机船舶报价系统，从此展开了高速、准确与科学的新翅膀。

1985 年，杨槱与两位青年教师张仁颐、仰书纲合著的《电子计算机辅助船舶设计》一书出版，此书被上海交大评为优秀教材，也标志着杨槱作为我国计算机辅助船舶设计倡导者地位的确立。

第七章　开拓我国船舶经济论证新天地

第一节　造船界第一位院士

1977 年，中国社会正步入一场历史性的变革，这一年杨槱正跨进 60 岁的门槛。对于常人来说，60 岁是进入老年的标志，是中国法定退休的年龄，含饴弄孙、颐养天年是大多数老人的选择。但是新时期社会改革的大潮，对于杨槱，恰似“忽如一夜春风来，千树万树梨花开”，犹如一艘刚刚竣工的新船，正扬帆起航。

1978 年 3 月，杨槱参加了具有重大历史意义的全国科学大会。

1980 年杨槱当选为中科院学部委员（中科院院士），他是我国造船界的第一位院士。关于杨槱的当选，后来交大老校长、中科院院士朱物华说，院士的当选须征求各方面的意见，不少人在这方面意见不一，只有杨槱最顺利，几乎没有不赞成的。

与交大老校长朱物华在一起

1981 年国务院学位委员会成立，杨槱被评为学科评议组成员兼船舶工程（含海洋工程）学科组组长，随即被评为全国首批博士生导师。

第二节　经济论证引入船舶设计

杨槱已经有了多年指导研究生的经验，但当博导尚属首次，而国内造船系统博士生教学经验尚少。杨的性格决定了他的思路，绝不卖老，一切从零开始，还是老办法，要当博导，先当学生。杨槱回忆道：“首先我要弄清博士学位的具体要求，为此我专程向几位著名学者请教，同时仔细分析了国外大学造船专业的几本博士学位论文。”1984年，杨槱首次招收博士研究生，他把研究方向定为船舶和水运系统的技术与经济分析，这是一块国内尚未被人重视的新领域。

20世纪70年代，船舶的经济技术论证在我国尚未推行，当杨槱最初提出这一课题时，许多人不屑一顾，认为“无学术价值，不值得理论研究”。但杨槱并不罢休，不仅数年来坚持理论上的研究，同时坚持实践和推广，坚持培养研究生包括博士生，并从造船工程领域推广到其他领域，将经济与技术相结合，开辟了这一边缘学科的新境界。实践证明，这一研究课题适应了改革开放经济发展的需要，成为经济决策的前提工作，也体现了杨槱一贯的创新意识和挑战精神。

将系统工程软科学理论和工程经济理论中的经济技术分析和优化理论应用于船舶设计和水上运输系统，并非杨一朝一夕突发奇想。早在20世纪30年代在英国留学时，杨槱曾选修了“工程经济学”课及“工程生产”课，对利率、成本、价格、利润及科学管理有了最初的认识。40年代中叶，在美国海军船厂见习时，杨槱对那里制订与执行生产计划，控制工程质量、完工期限和生产成本的制度和方法有较深的印象。回国后，他就曾竭力想在就职的青岛造船所推行，1946～1948 年在该所任工务课长时，他曾为该所改进成本会计的账目分号制度，对制订生产计划和建立控制工程进度的制度做了一些尝试，后来写了《造船工程之生产计划与管制》一文在《中国造船》（1948 年第 2 期）上发表。

1956 年秋，上海造船学院成立时曾创设“造船企业组织与计划”专业。当时杨槱曾到船厂做过一些调查研究，各造船厂的厂长都表示欢迎该专业的毕业生去船厂担任行政和技术管理工作，有的厂长还说他们正需要这方面的人才去当他们的秘书。但那时在高等院校中重技术轻管理的思想占上风，重理论轻实践的观念占统治地位，两年以后，这个专业竟被撤销了。一直到 20 多年之后，我国的工业生产在国际竞争的逼迫下，这个偏向才得到纠正。

70 年代中期，杨槱和交通部上海船舶运输科学研究所张德洪、顾家骏等专家合作开发经济型干货船时，学习了当时我国通用的（学自苏联）经济分析方法，该方法虽没有用利率计算资金的时间价值，但还是考虑了投入资金的回收年限。

后来，杨槱学习了美国本福特和英国巴克斯顿等造船学者关于把工程经济学的理论和方法应用于船舶设计的著作，西方资本主义国家的经济论证方法，用利率的形式很明显地计及了资金的时间价值。

70年代末，当时许多工厂大量积压材料、设备，生产工期一再拖延，资金大量积压，造成巨大损失，这个问题尚未引起社会上的足够重视。于是杨槱写了《关于船型经济论证的几个问题》一文，发表于《船型技术经济论文集》（交通部上海船舶运输科学研究所1980年5月），来说明计及资金时间价值的重要性，这在改革开放初期，我国由长期的计划经济向市场经济脱胎换骨的转变中，具有前瞻性的意义，文章很快就引起了有关方面的重视。80年代初，杨在国内率先为研究生开出了“工程经济在船舶设计中的应用”课，并编写了教材，这本教材后来得到广泛的传播。之后，这门课程经过张仁颐的补充、修订，成为“船舶技术经济论证方法”课，受到师生的欢迎。

在70年代以前，开发一种新船型或规划一个水运系统，总是先进行方案设计，提出几个可行的方案，然后比较其优缺点，从中选取一个比较好的方案，并采纳其他方案的优点，随后再开展初步设计和技术设计。在设计的评议中可能有人提出新的方案，这样船的主要要素改变后，船的稳性、航速、适航性和经济效益都将发生变化，不经过设计计算得到具体数据是很难评议的。重新设计一个方案的工作量又很大，非短时间内可以完成。这个问题一直到计算机的应用得到普及，计算机辅助船舶设计系统研制成功，才得到解决。

在 70 年代后期，杨槱采用常规的“参数分析法”，这就是系统地改变设计参数，如方形系数、长宽比、宽度吃水比等船的主要尺度比，得到众多的方案和各方案的技术性能与经济效益，从中选出最优或最适宜的方案。

船舶的建造和营运的期限较长。由于世界经济的发展和市场的变化，船的营运要素，特别是工资、物价等也不断变化，存在着不确定性。应用概率论的理论和方法来处理大样本的不确定性是有效的。有了计算机，应用蒙特卡洛法做概率模拟，随机取样也就不困难了。80 年代杨槱参加海洋石油资源勘探和开发的研究后，学习了石油工业应用概率论和数理统计方法从事“风险分析”的方法，他一方面鼓励研究生应用这个方法进行经济分析，另一方面也写了几篇论文，并做过几次学术报告大力宣传这个有实用价值的风险分析方法。

80 年代中叶，模糊数学在我国兴起。对于认知的模糊性，用模糊理论处理是有效的。杨槱和李湛指导硕士研究生郑险峰从事的“长江集装箱船舶运输系统规划”的研究中，用模糊规划模型解决了各港口外贸货运优化问题。

杨槱最主要的贡献是改变了我国传统经济指标体系。我国传统经济论证不考虑“利率”，计算投资回收年限时必然产生不少问题。杨槱基于计算成本要计入利息的概念，最早在船舶工程经济技术证论中提出了“净现值”大于零和“所需货运费率”愈小愈好的概念和指标。

他先后主持多项课题研究，如“国外船舶工程技术经济指标体系”、“5000吨近洋干货船的技术经济论证”、“15000吨远洋干货船的技术经济论证”、“16000吨多用途船的主要尺度优选”（引入了最优化方法的新指标）、“宝山钢铁厂的澳大利亚矿砂运输船的经济技术论证”等等，这些技术经济论证成果受到高度评价和重视，有的被国家有关部门采纳。

他根据巴柯斯顿和本福特两位应用工程经济权威的一系列论著，编译了《工程经济在船舶设计中的应用》讲义，作为研究生教材并在国内造船界举办了几期学习班。他的研究生张仁颐进而写成《船舶技术经济论证方法》一书。在计划经济体制下，造船由国家拨款，企业将折旧和税利上缴国家以回收资金，投资与收益都是以静态方法计算的，没有利息的地位。80年代初，造船工业界开始打破计划经济模式，不再实施“一切由国家拨款”的体制，造船实行向银行贷款，要考虑资金回收率，考虑资金偿还期等，杨提出的“资金的时间价值”的经济指标得到了广泛的应用，产生了巨大的经济效益。回首杨槱历年的学术观点与科研导向，显然是超前于时代的。

第八章　船史研究奠基人

第一节　在《二十四史》中探秘寻幽

1984年中国造船工程学会船史研究会成立，杨槱被选为研究会名誉主任委员，1985年《船史研究》创刊，他被聘为顾问。

视线转向1956年，杨槱当时编写的《船舶概论》第一章为“船舶发展史”，这是杨槱踏入船史研究学术长河的第一步，从此一发不可收，半个多世纪以来，他在古籍文献的文山书海中探秘寻幽。为了弥补历史知识的不足，他阅读了范文澜的《中国通史简编》和《二十四史》中与船舶发展史有关的汉、唐、宋史，《宋会要籍》和《太平御览》则浏览了一部分，还读了明代与船有关的重要著作：宋应星的《天工开物》和李昭祥的《龙江船厂志》。他初期写过一篇简明扼要的中国船舶史，以我国各个历史时期的生产力和科学技术水平为背景来论述造船业和船舶发展的规模和水平。

杨槱认为，对于古人之言，必须科学辨析，取其精华。古籍所述不能全信，如（宋）孟元老著《东京梦华录》称："西湖舟船大小不等，有一千料者约长五十余丈，中可容百余客"；又如《明史》宦官传"郑和"条"造大舶修四十四丈广十八丈者六十二"，书中所载船的尺度显然是不可信的。正如西方古籍对"诺亚方舟"的描述，尺度之大，十分惊人，"对这些记载不必认真对待"。

1958年苏联造船工程学会要求中国造船工程学会提供中国船舶发展的资料，这个任务责无旁贷地落到杨槱身上。1959年中国科学院自然科学史研究所组织编写《中国交通工具史》一书，其中船舶史的古代部分由该所自行编写，而近代

杨先生在查阅文献

和现代部分则由杨槱执笔。

第二节　创导成立船史研究会

1962 年，杨槱撰写了比较全面介绍中国造船历程的《中国造船发展简史》，此文在 1962 年新中国建国后第一届中国造船工程学会年会上宣读时，引起较大反响，且在此后得到了广泛的传播与引用。

1966 年 3 月中央宣传部组织编写《工业技术史》，船舶史部分由上海交通大学承担，杨槱为主要撰稿人之一，分工是帆船部分。为了具体了解帆船的操作情况，杨和黄根余两人还亲历了一次帆船航行。

1966 年 5 月 22 日午后，他们搭公共汽车到公平路码头，登上了“崇运 366”号帆船。这船长约 20 米，有两根桅，主桅在船中，头桅近船首，桅上装有硬篷，那是用竹条支撑的布帆。船正在装货，主要是纸张、席子、桶装食油和一些日用杂货。不少货物还堆在甲板上，船员说，这是为了赶开船时间（准点开航），以后还是要放进舱内的。下午 4 时许船员们把帆拉起，把舵放下，装上舵柄。起航时，船老大（即船长）用撑篙把船移出。船向北方航行，而当时只有微弱的北风，也就是逆风前进。操舵使帆的是一位老船员，他说，从船后或侧面吹来的风是“好风”，这时帆面与航向垂直或有一较大的夹角。而迎面吹来的风称为“丑风”，这时就要把篷帆的拉索拉紧，使帆面与船的中心线的夹角很小，几乎与航向平行。逆风航行须“调戗”，也就是走“之”字航线：船斜着航道向岸边航行，将要到达岸边时，船员立即转舵，并把篷翻到另一边，向着另一岸边航行。这样，转舵翻篷，操作频繁。头篷对走“之”字航线作用很大，可以使船迅速转向。

杨槱在舱面（即甲板）上仔细观察船员们操作，并和他们交谈船上的生活情况。晚饭时大家吃的是米饭，且有猪头肉和咸菜佐食。晚上 9 时出吴淞口，江面开阔，船的机动余地扩大，转舵扳篷次数大为减少。10 点半，船在江中抛锚停泊，船老大叫大家去睡觉。杨进入舱内，觉得舱高太小了，只能趴下、坐着，于是只能躺倒休息。晨 6 时许到达崇明堡镇港。

船一整天都在装卸货物，回程装的是纺织品和日用百货。第三天船开航时风和日丽，杨在甲板上帮助在布帆上涂蜡。接着江面出现无风情况，船只能顺流下漂。这种情况下，船员们很快架起 4 根长桨，4 人全力划桨，并唱起了“船夫号子”。杨也学船员们那样，脱了鞋袜，赤脚在舱面上帮助他们做点零活。烈日晒到木甲板上，使人脚底发痛。船员们奋力划桨，很费力气，但船仅能以很慢的速度前进。可见，划桨船不能远航是很明显的。傍晚时刻，船回到上海公平路码头。

平凡的航行对于智者常意义非凡，“这次亲历扬帆航行，对于帆船史的编写，获得了丰富的感性滋养”，杨体会到。

随后，他们按原始社会、奴隶社会、封建社会等各个历史阶段编写船舶发展史。杨分工写封建社会的船舶史。他对船的尺度、船体构造、桅、帆、舵、锚的发展做了较详细的叙述，很快拿出初稿。当提供讨论时，有人指责说，政治挂帅不够，用辩证唯物主义分析历史事物不足，等等。没过几天，“文化大革命”随即开始。随着吴晗的《海瑞罢官》历史剧被批判，研究历史也被看作是有罪了，当时还有人说他是“小吴晗”。当然，他的罪名最终不能成立，事情也就过去了。《工业技术史》的编写也无果而终。

1974年夏，福建泉州后渚发掘出一艘宋代海船，该船基本上只残存一个船底部：船首留有首柱的下部，尾龙骨伸到舵承座，残长24.20米，宽9.15米。外板连接方式是搭接和平接混合使用。底部外壳板为2层，舷侧则为3层，3层木板总厚约18厘米。全船由12道木隔板把船分隔为13个舱，各舱的舱长不等，从0.8米至1.84米。首部第一舱有头桅的底座，第六舱则有主桅的底座。1975年春，杨槱去南方调查研究近洋货船时途经泉州，在开元寺特对此船做了仔细的观察，认为船型与尺度比例合乎现代船舶阻力与稳性理论。可见当时远航木帆船的设计已达很高的技术水平。由于船形瘦削，外壳木板弯度很大，厚板难于弯曲钉装，于是采用较薄的2～3层木质外壳板。回到上海后，杨查阅了我国沿海近代和现代的一些木帆船，包括货船和渔船的资料，对船的主要尺度、船体结构、舵、锚和帆装做了分析研究，写了《对泉州湾宋代海船复原的几点看法》一文，载《海交史研究》（1982年第4期）。该船的船舱内还发现了种类繁多的香料、药物、钱币及其他文物，这为古代东南亚交通贸易史的研究和古代船舶制造技术的研究提供了珍贵的实物依据。该船的考古价值绝不低于1880年末在挪威发现的维京海盗用的航海性能优良的Gokstad船。

1976年，上海科学技术出版社组织编写了一套《中国科技史话丛书》，其中一本《造船史话》由上海交通大学编写。杨被指派为编写组成员。他写了“船行八面风——帆的产生与发展”和“我国古代对造船原理的认识”两节。

几十年来，杨槱积极倡导和号召造船界应该重视对造船史的研究，做到古为今用，总结与吸取历史经验教

与《中国科学技术史》作者李约瑟教授合影（1982年春于英国）

训，推进当代中国船舶工业的发展。他先后撰写了《近代和现代中国造船发展史》、《秦汉时期的造船业》、《早期的航海活动与帆船的发展》等多篇论文。在他的积极推动与实践下，中国的船史研究工作在20世纪80年代有所进展。

第三节　对郑和远航海船的争论

郑和航海，前后28年，访问了30多个国家，舰队规模之大，在海上活动时间之长，范围之广，实属前所未有，是中国乃至世界航海史上的壮举。

随着我国造船航运业的发展，对郑和下西洋的考证也因之兴起。其中“郑和宝船”的大小及“航海路程”等在船史学界历来有着重大分歧。

2007年1月，杨槱9万余字的《郑和下西洋史探》一书问世，这是杨槱在船史学研究领域的又一扛鼎之作，而此时杨槱已迈进九旬高龄的门槛。

《史探》详细阐述了郑和下西洋的历史背景、出使任务、使团的组成、当时的航海水平、郑和下西洋7次航程、郑和出使西洋的主要功绩以及郑和航海在国内外的影响等，尤其针对学术界争论很大的“宝船之谜”与“郑和航海的范围”，以翔实的论据阐述了他个人的观点和见解，文章不受民族情绪的干扰，坚持还原历史。他在书中指出：“有的学者根据《郑和航海图》上画有这些航线，就说：‘郑和开辟了亚洲和非洲之间的越洋航行。’这种夸大郑和的航海业绩，而忽视了古代阿拉伯人和印度人的航海成就的说法是不科学的，也是不合情理的。”

对郑和宝船的学术争论及相关古船研究，早在1983年中国航海学会就在江西省九江市举行了郑和航海史学术讨论会，随后中国造船工程学会船史学组在江苏省扬州市也举行了学术讨论会，杨槱参加了后一个会议。两次讨论会都热烈讨论了郑和宝船的主要尺度，也就是宝船的大小问题。大多数学者认为《明史》宦官传“郑和”条所载宝船“修四十四丈广十八丈”是可信的，但杨却持不同看法。因为另一更实际的文物，南京静海寺有一块记郑和出使海外事迹的残碑上记有“乘二千料海船并八橹船”字样。根据明代古籍，二千料船不过长10丈宽3丈左右，而八橹船则更小了。他分析了宋、明、清三代古籍和绘画中关于船的记载，探讨了我国远航海船的特征，他认为从驾驶和航海的角度看，特大的木帆船是不实用的、无法操纵驾驶的。从事物发展的趋势和明代的生产力以及科学技术水平看，当时不可能突然在短时期内造出比一般实用的海船大很多的特大船舶，从郑和的远航任务来看，也没有必要造这样特大的船舶。为此，杨先后写了几篇文章，阐述他的观点。

1984年6月，山东蓬莱水城（登州港）的清淤工程中，发现了几艘古代沉船，挖掘出其中较完整的一艘。该船残长28.6米，残宽5.6米，残深0.9米。在船内和附近发现有石碇（锚）、木碇、四爪铁锚、缆绳等船具和铜炮、铁炮、石弹、灰瓶等武器。该港自宋朝到明朝都是重要的军事基地——刀鱼寨。因此，出土的古船可认为是一艘战船。但船型则引起了争论，多数学者认为该船头部瘦削，且有龙骨，因此是浙江、福建一带的尖底深水海船。而杨则认为船底虽见龙骨，但突出船底很少，仍属航行于黄海和渤海的平底船型。其主要尺度和明代水师大量使用的长10丈的沙船相仿。这船也与南京静海寺郑和碑上所载的二千料和一千五百料海船的大小相当。为了适应海上作战的要求，船型可作一些变化。战船要求操驾灵活，沙船吃水浅，平底有利于搁滩。船上篷帆多，并兼用披水板，这是装在船两侧的属具，当船逆风航行走“之”字航线时，放入水中，以减小船的横漂，提高航行效率。他写了一篇《山东蓬莱水城与明代战船》一文，在当时出版的专集上发表。在该文的最后两节中，他谈了对明代战船的大小和海防舰队规模的看法。从蓬莱水城港口的大小和结构，可以认为明代战船不过长10丈左右，一个舰队不过几十艘船。虽然郑和远航舰队的规模和战船的尺度要比上述的大不少，但不会相差过于悬殊。

1991年12月4～8日，中国造船工程学会船史研究会在上海举行了“世界帆船史国际学术讨论会”。这是在东亚举行的首次船史学术会议，李约瑟是会议名誉主席，杨槱被推为主席。在会上杨发表了《对研究古帆船的一些意见》一文。他认为研究古船的目的是了解船的发展过程，弘扬先人的智慧和创造能力，找到今后发展的方向。任何船舶总是为了某一确定的任务而建造的，也必然受到当时社会生产力的限制。适应所处海洋与地理环境和操作的灵便性总是帆船设计的重要考虑因素，同时在各个时代国际间的技术交流是不可避免的。而且，任何优秀而适用的事物，包括帆船，都将延续下去，获得更加广泛的应用而进一步发展，绝不会昙花一现，便荡然无存，使后世无从效法。会上不少专家学者，如日本造船学者、帆船设计专家宝田直之助教授等也赞同杨的这些看法。

第九章　从船台走向海洋

第一节　当选为中国海洋工程学会副理事长

1979年冬，中国海洋学会成立，杨槱被选为常务理事。与此同时，严恺副理事长和他共同筹建并成立了中国海洋工程学会，严恺教授当选为理事长，杨槱被选为副理事长。学会先后成立了海岸工程、离岸工程（后来改称为近海工程）、海洋能源以及水下工程和潜水技术4个专业委员会，杨槱被选为离岸工程委员会主任委员。

海洋占地球表面的71%，全球生物资源的80%在海洋中，海洋中的化学与矿物资源十分丰富，在陆地资源日益枯竭的情况下，人类的目光也逐渐更多地注视着海洋。我国拥有18000多公里长的海岸线，大小岛屿5000多个，是世界海洋大国之一。

我们的邻国日本、韩国都在大力投资经营海洋事业，对我国已构成压力，由于十年“文革”的滞后，发展海洋事业迫在眉睫。

1983 年《海洋工程》学报创刊，杨櫆发表了《海洋开发和海洋工程》一文。之后，杨櫆先后在海洋工程学会的多次会议上发表了《海洋开发工程的经济论证》、《海洋油田开发的工程评价和经济评价》等论文。

1983 年春，上海市科委组织编制“上海市科技优先发展领域十五年规划”，海洋石油与水产资源的开发也被列为优先发展领域，并成立了“海洋开发专题组”，杨櫆担任组长。他组织了 44 位专家，通过半年时间的调查研究，先写出有关石油开发的 6 个报告和介绍外国经验的 5 个专题报告，最后完成了《上海海洋石油开发调研、预测论证报告》。

1985 年春，中国海洋学会组织“海洋开发战略研究”，杨櫆应邀写了《我国海洋开发现状》和《世界海洋开发的趋势》两篇报告，后一篇被编入《我国海洋开发战略研究论文集》。

1986 年杨櫆和来访的德国学者 Horst Nowacki 谈起科学院学部委员应尽的责任时，对方认为学部委员有责任定期向科学院学部汇报本门学科的进展情况和存在的问题，杨櫆认为这是一个很好的意见，随后就写了一篇《海洋资源开发工程与技术科学》的报告，送交中科院技术科学部。数年之后，杨櫆又向科学院提交了一份

《船舶工业与船舶科学》的报告。

在20世纪70年代末80年代初，在我国改革开放的起步时期，杨槱在我国海洋开发初级阶段的理论探索、科学论证中做出了积极的贡献。

第二节　“渤海二号”钻井平台翻沉事故的调研

1979年11月25日凌晨，我国沉垫自升式钻井平台“渤海二号”在渤海中部拖航时倾覆沉没，平台上74人中有72人葬身海底，这是我国有史以来海洋工程界的特大事故，引起了国内外的震惊与关注。

“渤海二号”原名“富士丸”，是日本第一座自升式钻井平台，1968年建成，1969年经过改建，1973年我国从日本购入。“渤海二号”的翻沉是由一系列原因造成的，与它的设计、建造与平台的操作使用及翻沉当时的海洋环境条件密切相关，情况是相当复杂的。

1980年，杨槱参加第五届全国人民代表大会第三次全体会议时，以78号提案提议：“对重大工程事故要组织科学的调查研究，以深入了解事故产生的原因和存在的技术问题，这对今后工程的设计、施工、使用管理和保证安全操作均具有重要意义。据说‘渤海二号’在日本使用时曾发生过沉船事故，因此，深入研究该船的稳性、耐波性、强度等，对事故产生的原因做详细分析，将对今后避免再发生同类事故和我国海洋事业的发展均有重要借鉴作用。”不久，国务院批示：“认真研究办理，争取1981年上半年办完。”

1980年12月15日，杨槱参加了在天津塘沽由海洋石油勘探局召开的计划协商会议。他在会上发言：“造船历史上发生的重大事故往往会推动造船事业的发展，例如1912年52000吨‘泰坦尼克’号邮轮在大西洋沉没曾震惊了全世界，但后来就产生了《国际海上人命安全公约》和国际海事协会。”

上海交通大学船舶及海洋工程研究所承担的研究任务是：“渤海二号”各浮态的稳性、抗沉性和耐波性的试验研究。杨槱率研究所同仁分析了日本三菱重工为日本海洋钻探公司制定的该平台（“富士丸”）稳性计算书和操船要领书。对各种浮态，特别是拖航状态的稳性和抗沉性进行了复验校核，制造了一个有机玻璃模型，在船模试验池中进行了较全面的试验研究，并模拟了该平台的倾覆过程，在不规则波浪中进行了模型倾覆试验。经研究，大家一致认为该平台翻沉的原因是泥泵舱进水，而泥泵舱进水的原因则是由于泵舱上面甲板上的通风筒被海浪打掉，导致大量海水侵入。而通风筒被打掉的原因则是连接筒体与甲板的螺栓损坏，所用的螺栓强度不足。研究所共提出了五份试验研究报告。这些研究结果为今后设计、制造和管理工作提供了借鉴。海洋石油勘探局也从管理高度总结了经验，结合事故调研成果，制定了“渤海三号”“渤海五号”的操作手册。

第三节 “胜利二号”钻井平台获“全国十大科技成就”称号

1992 年全国评选出十大科技成就，居第二位的是“胜利二号”钻井平台的成功建造。之后，此项目于 1995 年又获国家发明二等奖。

“胜利二号”由胜利油田与上海交大合作开发设计，上海交大 4 个系和 7 个教研室联合组成海洋工程跨系学科委员会，杨槱为委员会主任。

胜利油田位于山东北部黄河入海处，沿岸海滩坡度平缓，潮汐带极浅，海区宽 5～30 公里。这个地区海洋钻井平台和陆上钻井装置均难以到达。胜利石油管理局钻井工艺研究院创议研制一种能在 0～6.8 米水深作业的钻井平台，特别是在水深 2 米以上的海域可以漂浮拖航，而在水深 2 米以下的泥沙质海床上搁底后可以自行前进、后退步行，是一种两栖性钻井平台。

1982 年 10 月下旬，杨槱首次率领交大 20 人代表团浩浩荡荡奔赴胜利油田参加“胜利二号”联合研制工作会议。辽阔的油田寒风阵阵，接连几天数百公里的行程带来几分劳累，但队伍中年龄最大的杨檙却始终精神振作，带领各路专家教师与油田领导及科技人员进行广泛深入的讨论研究。杨檙在会上指出：“这个设想是好的，但有许多问题需要深入研究，要做计算分析，要做模型试验，工作量大，特别是时间紧、任务重，技术的关键问题是，如何实现平台前行和转向功能，特殊型式平台结构的强度问题等等。”他的话言简意赅，观点明确，重点突出。

1983 年初教育部在上海衡山饭店召开海洋工程科研规划会议，杨檙在会上透露了交大与胜利油田联合研制“胜利二号”的信息，引起了与会专家的高度关注。专家、院士们的反应非常强烈，众人几乎一致的看法是：“几千吨重的平台，能自行行走几乎是不可能的。”

面对这样的场面，杨檙依然神态自若，坚定地表示：“经过努力，困难是可以克服的，成功是有希望的。”不少人为杨捏了一把汗。

1983 年 4 月，石油部领导决定，尽快在海滩作业现场做一次模型平台的步行试验，进一步论证步行的可行性，这个决定与论证初期杨檙提出必须要做模型试验的想法完全一致。经过试验证实，前行坐底式平台在海滩现场步行是完全可能的。

1983年12月，“胜利二号”钻井平台可行性论证方案审查会在青岛召开，全国50多个单位145位专家、学者及有关人士济济一堂，可谓规模空前。杨槱担任会议的审查委员会主任，会议一致通过了前期的研究工作成果，决定进行技术设计。

1984年石油部下达了设计任务书，1986年1月建造经费落实，中国船舶检验局审查通过了钻井平台设计后，由青岛北海船厂开工建造，1988年9月建成投产。

该平台长72米，宽43米，高60米，空载重量4651吨，坐底满载重量10690吨，钻井能力（深度）

参加“胜利二号”下水典礼（1988年9月）

4500 米，造价 4100 万元。步行时分内外两体，轮流由 4 只 1200 吨举力的油缸顶升，通过滚轮沿甲板上的钢轨滚动前进。爬行最大坡度为 2.5 度，可跨越 3 米宽的海沟。该平台至 1992 年 9 月国家科委鉴定时，已在极浅海区钻井 9 口，拖航时曾遇 10 级大风，坐底时曾遇 12 级飓风，均安全度过。

参与此项目设计开发的杨槱的学生潘斌教授回忆道，“胜利二号”科技含量高，风险大，杨槱先生作为项目设计总指挥，责任重大，最后由他主持技术评审工作。此项目的胜利完成，获得了国家级的最崇高荣誉和奖励，也使不少参与者名利双收，有副教授升教授的，

“胜利二号”钻井平台

潘斌自己也由此从讲师升为副教授。有一件事令潘斌永世难忘，当时报奖的时候，没有杨槱的名字，而他竟毫无怨言，潘斌感慨道："杨老作为总指挥，他只要说一声，绝对无人有异议。他有绝对的权威，但他毫不计较，在如此重大的荣誉面前，他这样淡泊名利，令周围的人永远难以忘怀。"

杨槱从不与人争名夺利，深得大家的尊重，但在科学的论证上，有时与领导的观点不一致，他却固执己见，敢于发表不同的意见，更令人敬佩。如在上海准备上大小洋山深水港项目时，上级有关领导来征求专家意见，杨槱提出不同见解，有人悄悄提醒杨老："不要太耿直，免得领导难堪。"但杨槱仍直抒胸臆。潘斌说："有些专家学者完全按领导的意见讲，这当然最安全，也最讨巧，但杨先生不是，该说什么就说什么。在郑和下西洋船舶的大小问题上，杨槱面对海军有相当地位的高官，敢于提出针锋相对的见解，令人叹服。"

第四节　长江沿海水运系统的研究

1984～1985 年，杨槱和秦士元合作指导博士研究生李湛进行了长江集装箱江海直达运输的船型和船队分析研究。那时只有日本和香港地区与长江各港有较多的贸易来往，于是就选取长江各港到日本大阪港的航线为例探讨下列几个问题：（1）江海直达运输和中转运输（即先用江船把货物运到下游某一港口，然后转装到海船上，再运达目的地）何者有利？（2）采用多大吨位的船运输为宜？（3）如采用中转运输，在哪个港口中转为宜？

目的地是日本大阪港，长江沿线考虑了重庆、武汉、九江、芜湖、南京、南通等6个港口。在研究分析中考虑了5种可出海的集装箱船；在长江上航行的船则考虑了5种推船、4种分节驳船和3种自航驳船，这是一个较复杂的水运系统。他们应用现代数学规划方法，编制了计算机程序，在一定运输量的情况下，以“平均年度运输费用”为评价目标函数。

分析结果是：武汉以上的长江航道只能容许2.6米吃水、千吨级的浅水船舶航行。这种船不适宜在有风涛的海面航行，因此重庆港的外贸集装箱只能采用中转运输方式运到海外。中转港以选在长江口的南通或上海港为宜。因为长江船结构简单、航速较低（每小时20公里）、运输费用较低，因此在长江内应尽可能利用江船运输，不必过早地转装到海船上。至于武汉以下各港则利用江海直达货船运输较为经济，因为可以节省中转费用。

为了考查吃水较浅的江海直达货船在有风涛的海上航行的实用性和经济性，他们进行了耐波性计算和在水池中进行了船模试验研究。得到的结论是江海直达船的航速不宜高于 13 节，否则将在波涛中产生剧烈的摇晃。如果波高达 4.5 米以上，则吃水仅 3.7 米、排水量 3400 吨的浅吃水货船不宜出海航行。所幸上海—大阪航线上出现波高大于 3 米的概率仅 7%。经济分析结果认为：江海直达船在长江内的航速以每小时 20 公里为宜，海上航速以 11 节最为经济。在经济分析中对一系列的有关因素，如货流量、造船贷款利率、装卸费率、船员工资、燃料价格、年营运天数等做了敏感性分析，结果

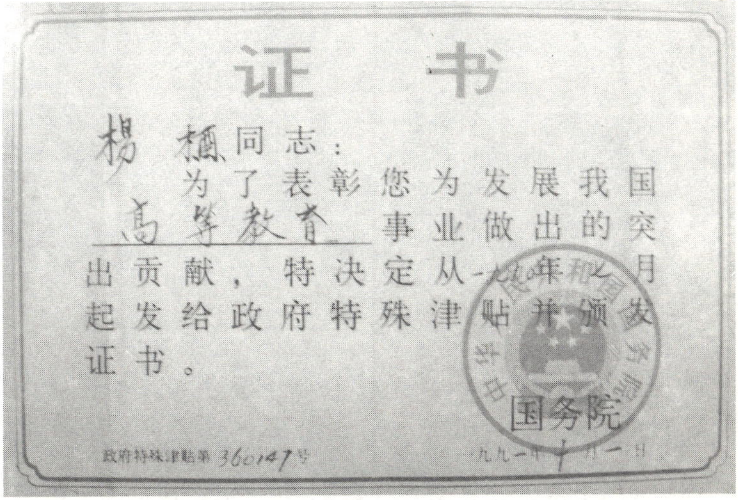
证书

杨槱同志：

为了表彰您为发展我国高等教育事业做出的突出贡献，特决定从一九九〇年七月起发给政府特殊津贴并颁发证书。

国务院

政府特殊津贴第 360147 号　　一九九一年十一月一日

1991 年 11 月 1 日国务院政府特殊津贴证书

表明前 3 个因素对船的经济性影响最为显著。这项研究成果得到有关方面好评，撰写的论文除在国内发表外，还在国外的主要造船刊物上发表。

1985～1995 年，杨槱分别指导博士生进行船舶与运输系统的研究，其中包括沿海原油运输系统的研究、沿海煤炭运输的研究、海洋渔船与渔船队的技术经济分析。杨槱的这些科研成果，旨在提出最佳的船型与船队组成，它既考虑到船、港口与航道的配合，也考虑到海上气象、操作效率、营运成本等多项不确定因素，他的科研队伍应用现代预测技术、运筹学和系统分析方法解决了水运系统的船型分析和船队规划等问题，这些科研成果被同行专家评为国内首创。

第十章　心中的红船

第一节　走上参政议政舞台

从 1986 年开始，杨槱先后担任第十、十一、十二届九三学社上海市委主任委员，第六、七、八届上海市政协副主席，第八届市人大常委，是第八、九届九三学社中央副主席，第十届九三学社中央名誉副主席，历任第五、六届全国人大代表和第七、八届全国政协常委。

从 1986 年走上九三学社及政协的领导岗位，至 1996 年逐步引退，这十年正值杨槱 70～80 岁的高龄，但杨不仅在业务上继续风帆高扬，且在社务工作和社会活动上更步入了黄金岁月。

作为九三学社中央副主席，杨槱的视角更注重国家大事。

1995 年，在全国政协八届三次会议上，他和九三学社的同仁共同提出了一份《关于建立约束机制，防止盲目重复引进》的提案，对盲目、重复引进设备和生产线的原因进行了详尽的分析，提出了如何建立可行的约束机制的 13 条建议。这份提案受到全国政协和国家有关领导机构的高度重视。会后，国家计委、全国政协、九三学社等单位联合举办研讨会，对防止盲目、重复引进生产设备共同进行商讨，取得了很好的效果。这次会议结束后，杨槱还组织领导江苏、浙江两省和上海市的九三学社专家用了一年的时间对长江三角洲地区的经济发展进行调研，他不顾已近八旬的高龄，经常参加实地考察，带头进行研究分析。

1993 年国际海事技术学术会议和展览会期间，杨槱与中央政治局委员、上海市委书记黄菊亲切握手。

无论走到哪里，杨櫄都不忘身为政协委员的责任。1995 年他到德国参加一个有关江海直达航运问题的学术讨论会。站在莱茵河畔，看着百舸争流的场面，他深感长江、珠江、黄河目前的航运状况很不乐观。回国后他很快给有关方面写了一个提案，提出他的想法和建议。他提出，西欧各国的公路、铁路交通运输都很发达，但依然很重视内河航运。比利时、法国、荷兰、德国的内陆货物运输 60%是靠水运。现在莱茵河、多瑙河已相连通，成为欧洲水路运输的重要动脉，为了更好地发挥西欧内河的航运作用，前几年还专门成立了西欧内河航运发展中心，以加强调研和规划研究。反观我们自己，大

与全国政协副主席邓兆祥合影（1990 年）

与全国人大副委员长钱伟长院士亲切交谈（1995 年）

江、大河不少，但内河航运这几年不是在扩大，而是在萎缩。与莱茵河规模差不多的赣江和湘江，原来航运发达，现在上游淤积，难以通航，一条可抵得上几条铁路、公路的航运通道，就这样被闲置了。

杨槱在提案中还对疏通河道、建设港口与新建铁路、公路所用资金进行了比较，认为开辟内河航运经济可行。这个提案提出后，上海交大在国家教委的批准下，航运管理专业已经招生，国家有关部门还召开了加强内河航运方面的会议。

在 1996 年的全国政协八届四次会议上，他又领衔提出《长江三角洲地区经济要走合作发展道路》的提

在全国政协会议上发言

案。提案指出：长江三角洲是我国经济最发达的地区之一，无论是农业、科教、还是工业都具有良好的基础和雄厚的实力，完全有条件成为带动国内社会经济发展的龙头。目前最突出的问题是产业与基础设施建设方面缺乏总体规划和有力的调控，造成分散、重复和无序。同时，由于资源配置不当，导致人力、物资和资金的损失，从而难以形成具有较强竞争能力和更高经济效益的综合经济体系。要解决这一突出问题，需要两省一市共同规划，走合作发展的道路。这项调查和提案，引起了政府有关部门的高度重视。

早在 1954 年杨樾在大连工作时就当选为旅大市第

一届人大代表，后调来上海工作很快又当选为上海市人大代表与政协委员。几十年活跃在人大与政协的舞台上，杨颇多感慨。他说：“我记得‘文革’前人大、政协开会，大家发言基本上是表态拥护领导的决策，每个大单位都有代表介绍本单位的具体工作经验和成绩，有的妇女代表还交流自己的家庭生活，内容可谓丰富多彩。但人大的主要职责是立法和监督法律法规的贯彻执行。当时立法工作较少，我记得只有在制定宪法和婚姻法时组织多次讨论。那时是按政策办事，甚至是长官意志决定一切。直到80年代初还有人称‘人大举手（赞同），政协鼓掌（拥护）’的。改革开放以来，人大和政协开会讨论时，代表和委员们批评时弊的发言多了起来，还有不少对领导决策持不同意见的发言。例如对上海宝钢的建设有不少人持异议，讨论要求每个人年植树一棵的绿化运动和每个大企业都建立培训中心等的建议时也有不少人反对。这些事实表明，人大和政协的民主与监督的程度都有所增强。”

第二节　为李宝善事件伸张正义

熟悉杨槱的人都会说，杨槱性格内向，话不多，他待人接物频率最高的词为“是，是，是……”，这几乎成了他的口头禅。宽厚仁慈是他性格始终不变的指向，他晚年也时时以此为人生的最大慰藉。然而善与恶永远是对立的统一，在一些原则问题上，杨槱则显示出敢于碰硬的一面。

1982年九三学社闵行区委成立前夕，筹备组的同志兴高采烈地专门做好一块区委会牌子，准备成立大会那天正式挂在门口揭牌。正当大会临近之时，传来了区里有关领导的反对意见，他们认为，区里别的民主党派组织尚未成立，单挂一块党派的牌子不妥当。领导的一句话无疑给当事者当头泼了一盆冷水，“是挂还是不挂？”即将担任区委主委的郭纲朴左右为难。于是郭直接找到了时任九三市委副主委的杨槱，这个平时一贯温文尔雅被郭称为“老大哥”的杨槱竟一反常态，说：“哪有成立大会做好牌子不挂的理由？挂上了，还怕有人去砸牌子吗？”有了这句话，郭纲朴心里踏实了，于是“九三学社闵行区委员会”的牌子大鸣大放地在成立大会上挂在了大门口，后来也没听说有人反对过。几十年过去了，这块牌子仍挂在门口目睹着人员的更迭和张望着历史的流变。后来闵行区其他民主党派也都参照九三牌子的大小先后把牌子挂在了门口墙上。

20世纪80年代末的上海，曾经发生了一件颇具社会影响力的事——李宝善事件，一位民主党派人士揭发自己单位领导并直至上法庭打官司。上海各大主要新闻媒体详细报道，这在改革开放初期是非常罕见的，此事曾引起了上海各界人士的关注。

李宝善是中国唱片公司上海分公司副经理，中国知名的声频专家，时任九三学社徐汇区委副主委，区政协委员。1986年1月，李宝善向广播电视部和上海市有关党政部门揭发该公司负责人以权谋私、搞不正之风和大肆挥霍国家财产等问题，遭到严重打击报复。上海唱片公司迫使李宝善在干部会上做自我批评，并将“自我批评”录音复制十盒，在全体职工中播放，声称要追究“诬陷者”的责任，公司还撤销了李宝善所任的“激光唱片技术引进项目”负责人职务，并以公司名义不同意李宝善继续担任区政协委员。

1986年上海一份颇具影响力的杂志《民主与法制》（第10期）不顾中共上海市纪委、市委宣传部和广播电视局领导的一再制止，发表了一篇洋洋6000字的文章——《一个“文革”幽灵在这里游荡——发生在上海唱片公司的“地震”》（以下简称《幽灵》）。这篇由唱片公司提供材料写成的文章把李宝善等人归入“‘文革’幽灵”，指责他为“首席金刚”、搞“地震”式的人物，把一些明明与李宝善毫无关系的公开信、匿名信一股脑儿全栽在他的头上，并将他的检举揭发说成是“严重的诬陷”。“幽灵？难道我倒成了‘文革’的幽灵”，李宝善回想十年浩劫中经历的凄风腥雨，李宝善的心在战栗，那时被诬陷“里通外国”，几乎被冤屈打死，妻子被剃成“阴阳头”，孩子无家可归……如今，他却成了“‘文革’幽灵”？他几乎被猛升的血压击倒。他再也忍不住了，挥笔疾书，向九三学社上海市委递交了《驳斥〈一个‘文革’的幽灵在这里游荡〉一文对我的诬蔑》的文章。他哭，他想自杀。尚未出国的妻子鼓励他勇敢地站出来，依靠神圣的法律来维护自己的合法权益。1986 年 11 月，他和另外一位揭发者向黄浦区人民法院提出诉讼，要求法院追究文章作者的诽谤责任。黄浦区人民法院受理此案后做了大量细致的调查工作。但是由于种种原因，迟迟未能开庭。李宝善失望了，他带着满腹冤屈，悄悄地愤然走了，离开了令他热爱、为之奋斗的祖国。但事情并没有结束。

1986 年 11 月 22 日，上海《劳动报》发表了九三学社上海市委主委杨槱就《〈民主与法制〉杂志〈幽灵〉一文发表专题讲话》：

“作为一个公民，李宝善通过正常途径，由自己签名盖章，向上级部门分送揭发本单位主要负责人的问题，是公民的合法权利。如一揭发不合你的意，就讲你诬告，这就不对了。李宝善投书的目的并不是害人，无非是希望这位负责人改正错误，以后不再重犯。更何况，原揭发的问题虽据调查组的结论说‘从总体上所告不实’，但事出有因，那个负责人在涉外问题上确有违反外汇管理的有关规定等错误，揭发者不属诬告，应予保护。上海某家杂志的文章，至少有两点不可取。一是把我们一般人认为不可取的事，作为正当的。二是把它嫁祸于人。如北京、上海等地外调花去一万余元，归罪于揭发者，1至5月生产下降也归罪于李宝善，这是没有道理的，这家杂志的记者应懂得法律、懂得民主，广播电视部调查报告并没讲‘严重诬陷’，文章硬加上去，硬讲‘文革遗风’，这不是以势压人吗？最近中共中央颁布的19号文件指出，‘长期共存，互相监督，肝胆相照，荣辱与共’的方针是新时期党对民主党派工作的基本方针。今后要积极支持民主党派行使民主监督权利，鼓励他们为着国家和人民的利益，积极反映各方面的批评和建议，做党的诤友，中唱公司上海分公司和上海某家杂志的这种做法是完全和中共中央文件精神相违背的。”

九三学社上海市委在社中央执行局、中共上海市纪委和各级统战部门的关怀下，为维护受害人李宝善的公民合法权益进行了大量的努力。1988年3月8日，九三学社上海市委举行记者招待会，邀请《光明日报》、《解放日报》、《文汇报》等 20 余家新闻单位的记者到会。社市委主委、市政协副主席杨檟向上海新闻界披露了李宝善揭发中国唱片公司上海分公司经理以权谋私的不正之风，遭受诽谤和打击报复事件的真相，呼吁新闻界伸张正义。在记者招待会上，杨檟向记者们揭示，李宝善于 1986 年 11 月愤而向黄浦区人民法院提出诉讼，控告该文作者对他的诽谤，但坚持了一年多以后，在身心受到严重损害的情况下，愤然离沪赴美。杨檟还指出，李宝善不是诬告，应予保护，但上海唱片分公司置上级部门劝阻于不顾，使李宝善接二连三地遭受打击报复，并且由两位记者在《民主与法制》上发表《幽灵》一文，指责李宝善为"'文革'幽灵"、"首席金刚"，严重损害了李宝善的名誉和人格，文章还指控李宝善的检举是"严重的诬陷"，使李宝善受到极大的精神压力。

1988 年 4 月 20 日，《解放日报》在头版刊登了该报记者陈斌采写的文章，摘要如下：

> 众所关注的"李宝善事件"又成为市政协七届一次会议的热门话题，许多委员在讨论如何落实知识分子政策时指出，著名声频学专家李宝善的遭遇值得市政协关注。
>
> 九三学社上海市委副主委、市机电管理局副总

工程师赵安泰委员说，李宝善事件不是一个孤立的事件，而是社会现象的综合反映。从李宝善1986年1月15日署名盖章，向上级领导部门写揭发信至今已经2年零3个月，问题仍未获得解决，可见时间之长；两年多来，我们几乎跑遍了有关“衙门”，包括多次走访国务院有关部门，但仍未得结果，可见事情之曲折；对李宝善揭发的问题，调查组的结论是“总体上所告不实”，我们九三学社也做了深入细致的调查，有足够的证据证明李的揭发基本属实，但有关领导部门至今未表态修改结论，可见是非之难定。

民革上海市委副主委、市政协副秘书长、黄埔同学会理事李赣驹说，李宝善出于帮助党端正党风的动机，通过正常渠道揭发本单位干部的错误，完全无可厚非，这是民主人士合法的权利，也是民主人士应尽的义务。坦率地说，现在我们还有不少民主人士对官僚主义、不正之风和腐败现象不敢揭露、不敢“知无不言，言无不尽”，仍心有余悸。怕什么？不是怕市委书记、统战部长，而是怕那种官职不大却老虎屁股摸不得的干部，你一提意见，他就给你穿小鞋、背黑锅。

民盟上海市委副主委兼秘书长翁曙冠认为，

《民主与法制》那篇文章用令人厌恶的“文革味”语言去点名批判一个民主人士，本身就违背了它办刊的宗旨。李宝善事件很值得各级党政机关举一反三，吸取教训。振兴上海需要成千上万的人才，但是，没有高度的民主与健全的法制保障，想要调动广大知识分子和民主人士的积极性是不可能的。

1988年4月23日，黄浦区人民法院对李宝善、周威诉两位作者诽谤一案做出一审判决：被告人某某犯诽谤罪，判处剥夺政治权利一年，并赔偿自诉人李宝善、周威经济损失200元。此案审理后，被告人某某承认自己行为损害了自诉人，并赔礼道歉和赔偿经济损失。法院认为，被告人某某的行为，侵犯了自诉人的名誉和人格，造成恶劣影响，情节严重，已构成诽谤罪，遂依法做出上述判决。

“李宝善事件”终于在以杨槱为首的九三上海市委与社会各方人士及新闻媒体的鼎力支持下画上了句号。令人瞩目的是，“李宝善事件”后被收入于1989年9月北京出版的《中国民主党派词典》中。

第十一章　夕阳红于朝霞

第一节　探索船舶设计新思路

古往今来，夕阳常比作人生的老年时代，这是自然规律，但各人的晚年却有着不同的色彩。

永不满足已有的学术成就，始终保持一如既往的求知欲，这正是在杨槱身上的不服老的年轻态的体现。

1993 年，已经 76 岁的杨槱带领博士生林焰，从事船舶总布置设计仿真软件系统和神经网络理论与方法的应用研究，这是智能化设计和最优化技术的新途径，它既能继承手工设计的直观性，又能结合计算机的高精度和快速性，把设计提到一个更高的层次。

模拟人脑信息处理机制的神经网络是一个巨型非线性动力学系统，神经网络以大规模模拟、并行处理为主流，具有较强的自学能力，因此，能简捷地处理大系统的一些复杂问题。林焰应用神经网络模型成功地对一艘

28 万吨超大型原油船进行了分舱配载优化设计。林焰还在总结以往专家系统在船舶设计中应用成果的基础上，建立了油船油舱划分的神经网络专家系统。他通过一艘 38000 吨油船分舱的算例，说明了这个分舱方法的有效性和实用性。

杨槱认为，虽然神经网络的研究仍处于初始阶段，但紧跟当前飞速发展的高新技术，不失时机地将其研究成果应用到船舶设计中来，是推动船舶设计科学进步的一个有益的尝试。

杨槱的造船生涯是从设计川江船开始的，后来主要从事海洋船舶的设计与维修工作，但他仍不时地接触一些内河船舶，并不断关心内河船舶的发展。

1994 年 5 月，杨槱应邀去德国莱茵河畔的杜伊斯堡，参加该地大学举办的第 15 届船舶技术讨论会，会议的主题是“江海直达船舶”。应会议的要求，杨发表了题为《江海直达船的经济性与实用性——在中国进行的一些研究》的论文。

同年，江南造船厂的刊物《江南船舶设计》与《江南船舶技术》并刊，特请杨槱为该刊末期提供一篇文稿。于是他写了《对两种内河船设计的一些意见》一文。他首先论及内河船设计的一些特点，随后对内河长途定班客船和自航货船两种船型的设计提出了见解。客船设计要随着人民生活水平的提高，不断提高舒适性和方便性，餐厅和卫生设备的改进已迫在眉睫。客船准点开航与到达，保证安全是特别重要的。货船要力求减轻空船重量，增加载货量，以提高营运效率。提高装卸货效率和减少船员人数是两个重要课题。杨指出，西欧的千吨级内河货船最多只有6个船员，许多是“夫妻船”，而我国内河货船一般均配有20多个船员，导致船的上层建筑与空船重量增加，对船的营运不利。杨还认为，我国苏南段大运河和浙江北部的长（兴）湖（州）申（上海）河段舟楫相继，水运发达，如河道得到整治，可容更大吨位的船只，以顶推驳船队代替现在的一列式拖航，则运量还可增长。

1996年8月，武汉、广东、江西、四川、福建、江苏、黑龙江等省市造船工程学会在哈尔滨联合举行第五届全国内河船舶及航运学术会议，杨槱被推为大会名誉主席。他在会上发表了《采取有力措施发展内河航运》一文，该文分析了我国内河航运衰退的原因，在航道整治与港口建设、船舶的技术改造、改善经营管理和统一航政管理、创造公平竞争机制等方面提出了建设性的意见。

第二节　80 岁参加共产党

1996 年 1 月，杨槱从连续三届担任的九三学社上海市委主委的岗位上退了下来。

1997 年 6 月，杨槱在跨进 80 岁门槛时，被光荣批准加入了中国共产党，此时离 1954 年在大连工学院正式提出入党申请，已经足足等待了 43 个春秋。

1997 年 10 月 17 日，上海交大隆重举行“杨槱教授献身造船事业六十周年暨八十华诞庆祝活动”，这也是杨槱第一次以共产党员的身份迎来自己的生日，《人民日报》1997 年 10 月 27 日以《大师造船六十载》为题做如下报道：

> 杨槱，1917 年生于北京，我国著名船舶设计家、教育家，中科院院士，上海交通大学教授、博士生导师。
>
> 10 月 17 日是您八十大寿。那天，百余位来自全国船舶界及社会各界人士汇聚上海交通大学，祝贺您献身造船业 60 周年。
>
> “巨匠作舟经风雨，大师育才备栋梁。”这是您的老朋友——中科院院士吴阶平，对您为我国船舶业所做贡献的概括。自 1940 年从英国格拉斯哥大学造船系毕业回到祖国，无论是 40 年代在西南各

地从事船舶设计、50年代在大连筹备新中国最大的造船基地，还是之后在上海交通大学进行船舶教育，整整60年，您一直在为中国人能更稳健地扬帆远航而励精图治。

您的同事和学生钦佩您“创新求实”的学风，盛赞您是“船舶设计和研究领导新技术和新思想的传播者”。70年代初，当许多科研人员还在用计算尺、鸭嘴笔搞设计时，您就预见到计算机将在船舶工程领域发挥巨大的威力。您带领的学科组最先在国内开设有关船舶设计的“计算机图示学”、“计算机程序设计方法”等，并把计算机辅助设计用到了万吨轮“山”字号的性能计算上。您率先将现代工程经济理论引入对船舶项目的论证分析，改变了以往船舶投资不计利率的方法。这种“技术经济”理论现已运用到各种工程的实际操作中，对减少投资、提高经济效益起到了积极作用。作为中国造船史研究的奠基者之一，您撰写了《中国造船发展简史》，并倡导成立了中国造船工程学会船史研究会。

为了造就更多的造船新人，您始终把“言传身教、诲人不倦”作为天职。几十年来，您培养的学生已活跃在我国各大船厂和研究院的生产科研第一线。八十寿辰这一天，您又拿出积蓄，与中船总公司、招商银行等单位设立“杨槱造船教学基金”。

您说您的名字是一位烈士取的。“槱”意为“聚积”，意寓“骄杨聚集到为国为民发光发热的行列”中。身为九三学社中央副主席和上海市政协副主席，您提出了对“‘渤海二号’钻井平台沉船事故进行技术调查”、“长江三角洲地区经济要走合作发展道路”等一批有针对性的提案。今年“七一”前夕，您又加入了中国共产党，实现了几十年来的夙愿。

面对社会的赞誉，您仍虚怀若谷：“我有幸生于一个伟大的时代。60年来，我国船舶工业从年产几千吨到百万余吨。对每个中国人来说，祖国的强盛、事业的发展是最大的幸福。”

当杨槱面对着各媒体的报道，接受着同事、朋友、学生的热烈祝贺时，也听到了一些好心人的提问，“八十高龄入党您图的是什么呢？您是一位老一辈的民主党派领导人，再入党又有何求？”

光阴荏苒，时空的镜头又推进了10个年头。2008年4月23日，已经91岁高龄的杨槱按惯例走进上海交通大学浩然大厦21楼的办公室上班，春风吹过窗台翠绿的文竹，阳光洒在伴随着杨槱半个世纪从大连一直带到上海的老式书桌上。这一天，杨樾郑重写下如下文字，倾诉了几十年来对中国共产党的仰慕与追求之情：

我生在黑暗的旧中国，从青少年时代起，我就受到共产主义思想的影响，能加入伟大光荣的中国共产党是我此生最大的心愿。时代变迁，岁月如歌，我的愿望终于在80岁时实现，兴奋之情难以言表。

由于家庭的缘故，幼年时接触到一些进步人士。满清后期，我父亲在北京大学念书时与一位同学一起参加了孙中山先生领导的同盟会，这位同学就是中共早期党员孙炳文。我10岁前后见到过孙炳文，我的名字是他取的，在广州时我们两家是邻居。1927年9月20日，孙炳文被国民党反动派杀害，他的音容笑貌却永远留在我的记忆中。

我父亲属于国民党广东派系，早年跟随孙中山先生，曾在广州大元帅府中担任法制委员会委员。北伐时，父亲跟北伐军到南京，在南京政府工作。父亲的派系与蒋介石有隔阂。“四一二”事变，蒋介石叛变革命，对共产党人大开杀戒，父亲这派是反对的。当时，每天耳朵里听到的都是抓人的事，经常有反动派到学生宿舍抓人，严刑拷打逼问同党，有人受不了就胡乱指认，结果冤死不少人。广东派与蒋介石闹翻后，父亲重回广州，在广东法院工作，以后又在检察院跟随于右任工作多年。

在南京念初中时，放寒假后到上海，准备随母亲到广州去和父亲团聚，适逢日本侵略军发动“一·二八”事件，受阻一个多月。当时我家住在上海卢湾区一个里弄中，有一个金陵中学的同学也住在那里，他母亲让我和她儿子一起去上国文补习课，因为当时我们还没拿到金陵中学的毕业证书。同学悄悄告诉我，教课的老师是共产党。上课之余老师经常讲时局，慷慨激昂地对我们说现在我们处于最黑暗的时期，坚信将来会光明的。这位补习课老师，留下了我对党的最初印象。

我在读高中时，对党又有了进一步了解。我们学校有个国文老师叫陈黄光，课上得很好，上海光华大学毕业。他还开了一门文字学选修课，在课上经常给学生讲一些苏联的事情，宣传苏联怎么好，我对此很有兴趣。他那时30岁左右，走路很快，同学们都对他很钦佩。我认为他有共产主义和社会主义倾向，后来听说他确实是共产党人，而且是地下党华南地区宣传部长，他给我们上了大约一年的课，第二年就被逮捕杀害了。我还记得老师被抓时，学校有个军事教官对我们说，人是不会抓错的，他确实是共产党。在高中时期，我还有一位老学长程望，他比我大一岁高两级，抗战后参加了新四军。解放后他曾任船舶工业管理局局长和上海造船工程学会会长，老同学聚首时，我们还常常怀念那位牺牲在反动派枪口下的地下党语文老师。

高中学业悄然将尽，当时这个华侨集资办的学校里学生到国外求学的人不少。我家有几个亲戚分别在英国、德国念书，因此我父亲也送我到英国格拉斯哥造船系留学。格拉斯哥是当时英国工业发达地区，也是英国共产党的大本营。在英国求学期间，我对世界共产主义运动也有一定的感性认识。

与上海造船工程学会理事长程望合影（1991 年）

我的房东是位中学教师，他有社会主义思想，了解到我对共产党有好感，就介绍我认识一个英国的共产党员。初来乍到的我忙于学业，也就没时间找他，但有关当地共产党的事也听到不少。当地共产党组织还邀请我到他们的党校参观，听他们讲有关共产主义的演讲，唱国际歌。当地书店组织有左翼读书会和右翼读书会，每月交很少的钱就能得到一本书。我参加了左翼读书会，买到了《共产党宣言》、《法国大革命》、《西行漫记》等书，右翼读书会出版了不少古典名著。以书为友，使我增长了许多政治方面的知识，不像有些留学生两耳不闻窗外事。1937年法国举办世界博览会，我有个同学梁宗恒，他是文学家梁宗岱的弟弟，在法国留学，于是暑假中他邀请我去参观博览会。当时国共两党在欧洲斗争得很激烈，有次我俩在茶馆喝茶，他悄悄对我说坐在我俩附近一个胖胖的男人是共产党。此后没多久，我就听说这人被暗杀了。

我在英国时，西班牙内战正酣，这也是一场世界民主共和人士和法西斯主义的斗争。据我所知，英国人民群众中支持共和派政府军的人很多，我所在城市的青年学生每星期日都上街捐款支持援助西班牙政府军的国际纵队，我也积极参加面向国际纵队、当地医院及支持中国抗日战争的捐款活动。我在英国学习期间，结识了一个大学毕业后在英国工作的印度人，是当地国际学生俱乐部的总管，他具有社会主义思想，对英国殖民主义很反感，我常把看过的多余书籍捐给俱乐部，放在书柜让其他人借阅，一来二去我们成为了好朋友。

在英国的留学生活转眼结束了，在这几年中我每年都到工厂实习，当一位老师傅的助手，与工人、学徒有很多交往，相互间也有不少共同语言。这些经历，使我在回国后不管到哪里工作都能与工人群众打成一片，没有自命不凡的样子。我在解放前有点入党的思想基础，解放后也有入党的想法，但一想到自己历史复杂，还没有为新中国做出贡献也就暂不提了，但我把自己的历史情况全部向组织交代了。

解放后，广大知识分子情绪很高，我响应国家东北招聘团的号召到大连工作。大连工业厅在了解清楚了我的历史情况后，任命我为筹建的大连船厂建厂委员会工务处长，我感到党对我这个从旧社会过来的知识分子是充分信任的。以后，海军学校也想让我去专职工作，当时陈云同志已经批了，但船厂没有放行。那时正是抗美援朝时期，我虽没有直接参与，但组织上有些机密工作也让我参与。1954年，组织决定派我去葫芦岛开展筹建船厂工作，后项目停建，组织上又调我到大连工学院任教，在那里我向院党委书记提出了我最早的入党申请。此后，我调到上海交通大学工作，入党申请就转到交大。1956年，许多知识分子入党了，但我没被吸收，我认为时机未到，也就不着急，但交大党委书记一直关心我的入党问题。此后运动不断，我知道暂时没有入党的机会了，而且在“文革”前我已是上海九三学社的副主委，业务和党派工作都忙，也就没有再提入党的事，但我入党的信念始终没有动摇过。到了80年代，我又向组织提出了入党申请，但组织上却认为我已担任民主党派负责人，在党外对各方面工作有利。90年代中期，在我将要从上海九三学社领导岗位退下来之前，我再次向组织提出了书面入党申请。

1997年6月，我在走近80岁时终于光荣地加入了中国共产党。改革开放后，我多次到国外访问，对我国国际地位的日益提高有切身体会，我深深地感到个人的命运与国家的命运休戚相关，只有国家强大了个人才有前途。我庆幸自己生长在国家大变革的时代，经历了新旧两个社会，我的入党信念不是忽然产生的，而是漫长人生的必然选择。人类进步的趋势不会改变，一定会消灭人剥削人的制度，最终走向共产主义。

第三节　高扬的风帆

2007年10月11日，庆祝杨槱九十寿辰暨《话说中国帆船》一书首发仪式，在上海交大隆重举行。此书由杨槱与他的老弟子陈伯真合作编著。仿佛是昨天刚刚召开过庆祝杨槱80华诞的盛会，一瞬间，人生的航船不知不觉中又驶过了十个春秋。各级领导和学生、同事十年后又一次相聚，面对着依旧黑发为多的杨先生，手捧着散发着淡淡墨香的新书，在座者无不感慨。

十年不过是弹指一挥间，对于普通老人，特别是年逾九旬的老人，能平安地活着，已算是福星高照，但杨槱却不满足于此，正如他的名字，如集聚的柴火，仍在熊熊燃烧。从80～90岁这人生古稀十年间，他居然亲手在电脑键盘上，写作出版了五本著作，除上述《话说中国帆船》外，另四本是《帆船史》、《轮船史》、《郑和下西洋史探》、《大航海时代》，共计47万字。80年代从各种领导岗位上相继退下来之后，用杨槱的话说，这十年间是他写作产量最高的十年。因为摆脱了许多社会活动和各种应酬，使他获得更多的时间与自由能纵横驰骋于相伴自己半个多世纪的书桌前，用超常的思维和辛勤的笔耕，创造出高寿高产的人间奇迹。

也正是在这期间，杨槱的个人生活发生了重大变化。2000 年 8 月，他相濡以沫半个多世纪的夫人黄玉岚的故逝，给他留下了难以弥补的痛苦和孤独，但他并没有被这巨大的精神压力所击垮，而是继续在自己心爱的船舶事业的著述中顽强地、不间断地燃烧着自己的夕阳之火。

2001 年有位章文英女士走进了杨槱的生活。章文英的妹夫也是交大船舶系的教授，与杨槱相熟，于是在妹

与夫人章文英合影

妹的撮合下，杨樾与章文英开始了共同生活。

2009年12月23日，两位年逾古稀的老人应笔者之邀，回首九年的携手历程，其坦率、真挚与大度跃然眼前。

章文英说：“初见老先生是在1968年，那时正值‘文化大革命’时期。由于我妹妹家与他是邻居，只见他经常穿着一件破旧中山装，蹬着一辆早该报废的自行车上下班。当时他正处于逆境，与大多数知识分子一样，遭到极不公正的待遇。‘四人帮’打倒后，迎来了大地复苏的春天。时隔多年，一次偶然的机会，我在华山路见到了老先生。那时我俩都是单身，我主动地和他打招呼。经我妹妹牵线，我俩有了交往。因我在大学读的和后来从事的是贸易运输方面的业务，话题也多了，相处数月，双方都有好感，就顺利地走到一起了。与老先生相处以来，他不仅胸怀博大，还有一颗善良的心，对人真诚、直率，爱憎分明。记得2002年，我因骑车摔倒骨折，家里请了个乡村来的保姆帮忙。但一天后，她不习惯，决定辞职回老家。离开时，她对新来的阿姨说，‘老先生是个大好人’。国家有难，亲友有困，他都积极捐献、帮助，但他自己却十分节俭，有啥吃啥，从不挑食。他还经常帮我搞家务，和我抢着洗碗筷，把家里和办公室整理得有条不紊，是个模范丈夫。他对事业的追求，十分执著。每天起床，第一件事就是看书、写材料，周休日也是如此。尽管他已是耄耋之年，却有年轻人的情趣，爱说笑，很逗人喜欢，我的子女、同学、朋友都愿与他亲近。这么多年，在他身边，感到他的宽宏大度，克己待人。我深深地敬佩他，照顾好他的衣、食、住、行是我的责任，也是我的幸福。”

杨槱说：“现在我的妻子章文英是在前妻逝世后8个月，在一次偶然的机会相遇。由于她妹妹是我校船舶系一位教授的夫人，对我的情况比较了解，我们相互交往就更容易了。她过去从事外贸运输工作多年，对我的船舶专业有所了解，这就有了更多的共同语言。她很识大体，肚量较大。我女儿由于种种原因，坚决反对我们的婚姻。她居然能顾及我们父女之情，妥善解决这个困难的问题。因此，人们称她是真正的贤妻良母。她个性很强，思维敏捷，但对我比较迁就，两人从来没有吵过架。最近，我提出要把历年积蓄50万元，捐作奖学金，她完全同意。她有这样的心胸，我肯定会有一个幸福的晚年了。”

健康的体魄与充沛的精力是杨槱最大的物质财富，豁达的性格、与人为善的人生观和良好的生活习惯是他的强大精神支柱。

2008年6月19日，仍然是浩然大厦21楼的办公室，91 岁高龄的杨樞应笔者之约，谈了他的养生之道。他在电脑上发出几封电子邮件后，拿出一份预先准备好的打印好的文稿，不戴眼镜，娓娓道来：

身体之强弱，一方面与遗传有关，但主要还是取决于能否有一个良好的生活习惯。

我兄妹 8 个，除三个因病故逝外，现在其余 5 个都已 80 多岁，身体均好，这得益于父母的遗传。我母亲活到 70 多岁，父亲活到 80 多岁，若无“文革”之颠簸，还可活得更长些。

良好的生活方式是健康的根本。我从小到大不挑食，几十年来生活在国内外许多地方，各种食物

80 岁生日时，陈铁迪、谢丽娟、李国豪来祝贺

都吃，不挑食才能真正享受美食，才能营养均衡。我食欲旺盛，真所谓狼吞虎咽，但绝不暴食。我能饮酒，酒量尚可，现在黄酒半斤，白酒二两，啤酒一瓶都没问题，但从不醉酒，也不贪杯，不影响身体。喝酒不算是特别爱好，只是亲朋好友相会应酬而已。我很少吃药，基本不吃保健品，有时别人送来，我都是转送他人，有剩下的只好自己吃，否则浪费了也可惜，吃完算数，以后一般不会再吃，我相信药补不如食补，凡药总是对身体有副作用。

锻炼身体使我终生受益匪浅，我年少时跟父亲学过太极拳，太极拳全身动，站得稳。我曾专门买

在联欢活动上

过书来读，还教过学生。年轻时代也是运动爱好者，学生时代练过中距离长跑，参加跳高、跳远比赛。但大学毕业工作后，我一直很忙，没时间去玩球类活动，回想起来，我也是一生勤劳，很少空闲。过去著名眼科专家郭秉宽是我邻居，他一直说我是“劳碌命”。但有一点我把握住，就是从来不熬夜，一疲劳，马上就躺下。要说我最大的养生之道，那就是四个字：劳逸结合。这是最根本的，我不太生病，平时多动脑、勤动手、多动脚。我现年91岁，老伴也已80开外，每天晚上我俩都要抢着洗碗，早上抢着下楼去拿牛奶，劳动也是一种锻炼。我的办公室每星期二由阿姨来打扫一次，我平时把房间整理得有条不紊，阿姨说你的办公室打扫最省力，每次只要10分钟就搞定了，包括清扫卫生间，别人的房间却远远不行。动脑筋可减缓脑力衰退，知识分子患痴呆症的少，我每天四次从家到办公室都步行。复印、寄信都自己走着去办，想当年住湖南路时，与巴金是近邻，他也自己走出去寄信，他也长寿。

良好的精神状态是健康的保证。我很少生病，即使生病也不太在意，我看病最快，从来不向医生提什么要求，他配什么药我吃什么药，医生也说我心态好。我想，老天爷让我什么时候走，无所谓。

有人常常怨天尤人，那是世界上最傻的。我这辈子受过不少挫折，但我永远认为我很幸运。“文革”时虽遭迫害、割工资，但我还认为这也不错了，社会上比我困难的人有的是。每人机遇不同，遭遇不同，天灾人祸没法预料。

每遇挫折与不满意之事，要理智智慧地处理，但有人喜欢发牢骚。记得九三有位老同志，原是社中央委员，因年龄关系，换届时组织上让他下来，我也找他说过，他不肯，后来没选上，他想不开，心情不好，不久就因病故世了，名利要看得轻一些。

80岁时我也面临这个问题，我提出退下来，当时我太太黄玉岚有想法，她去问谈家桢夫人，知道谈先生没下，她说他不下为何你一定要下来。我坚持要下，后来到北京开会，统战部副部长刘延东问我下来有什么意见，我说没意见，她赞赏。

我的心态好，人缘也好，交大、中科院、九三学社、科协与学会的同志都对我很好，一些老先生间的矛盾常常要我去调解，我对学生和气，“文革”时期，没有学生想整我，说起来，大概也是我的人缘好。

“海纳百川有容乃大，淡泊明志无欲则刚”，这是杨槱办公室墙上挂着的唯一条幅，由书画家许士琪先生所书，这既是他的性格写照，也是他的长寿秘诀。

上海市政协驾驶员申卫星是杨的专职司机，多年来为不少领导开过车，但总觉得杨槱对他的影响最大，也最令其感动。

他说：“杨老宽以待人，对待司机也非常尊重，在我的成长过程中，受杨老影响最大。1987年，我考取全国成人高校摄影专业，有时杨老有活动而我要上课，碰到时间冲突他总是让我，我先接他到政协，开完会他自己乘公交15路车回家。记得沪杭高速刚开通，老先生要去宁波开会，定好是由我送，结果那天是我参加高级工应会考试的日子，于是他和交大几个人一起乘长途巴士去宁波。杨老把身边工作人员都当自己的子女一样关心，当你取得点滴成绩，他会由衷地为你高兴。我女儿刚进大学时，我曾让老先生帮忙修改英文日记，他每字每句都做详细修改。每年春节我家和老先生一家都在一起吃年夜饭。”

杨槱一生从事过多种职业，担任过各种职务，不管是顺境还是逆境，他总是安然处之，勤勉以待。1997年杨槱80岁时，他对自己一生频繁的工作变动有过这样一段概括与总结：

对于一个造船者，我有幸生于我国大革命、大变革的时代。儿童时代关于富国强兵的幻想和愿望，现在都一一实现了。在专业教育方面，我有机会到国外读大学，在造船厂当几年徒工。后来又在船厂干了十几年的船舶设计和船舶修造工作。到了学校工作后，虽然担任了繁重的教学组织管理工作，但仍担任几门课程的讲授，指导毕业设计，指导研究生，并经常接触造船生产实践。在担任了九三学社、政协的领导职务和当选中国科学院院士之后，社会活动日益增多，但我从未脱离教学和造船实践。80年代中期，在我进入老年时，开始指导博士研究生。我采取与一位教授，特别是兄弟院校的教授合作指导的办法，获得成功，收到教学相长的效果。

在新中国成立后，我一直服从党和国家对我的工作安排，基本上能做到干一行爱一行。有些工作我不熟悉，从来没有做过，但我也没有推诿。我常说，这事是否应该我去做是领导的考虑，而努力把事做好则是我的责任。因此，我没有虚度时光，每完成一项任务都有不少收获，既增长了知识，又得到了锻炼。

我深深感到业精于勤，熟能生巧，任何事只要全心全意去做，日夜思考，反复实践，不断改进，就能有所创新。1950年在大连造船厂建厂委员会，我被任命为工务处长时，我的老师叶在馥总工程师认为我被提升得太快了，在基层锻炼的时间太短，所受的基本训练还不够扎实。在工厂，我从学徒、实习员、副工程师、工程师到副总工程师时间不过十几年，在学校从讲师、副教授、教授到系主任也不过十年。

由于一生职务变动频繁，任务不断变化，我确实很难在一个学科方向长期不断地钻研。但另一方面我的接触面较广，在不同的学科之间往往能触类旁通，思路较为开阔。虽有“杂家”之嫌，但我相信，从事工作，只要全力以赴，也能为国家做一些有效的实事。例如1986年，上海市科学技术协会成立了汽车工业顾问委员会。由于当时我是市科协副主席，于是被任命为首席顾问。我和20位顾问、上百位科技人员，在有关方面支持下，开展调查研究和技术、经济分析工作。一年后向上海汽车拖拉机工业联营公司提出了在上海建设年产30万辆轿车工业基地的可行性论证报告和有关车型选择、配套件国产化、人才培训、经济效益、资金筹集和汽车城规划等专题咨询报告，得到有关方面的好评。

又如90年代初，我对上海港的建设十分关心，当我看到有些不切实际的议论和方案时，就写了一篇《对上海港建设的几点看法》，供有关领导参考。

十年的航程，高扬的风帆，跃过了杨槱80岁的人生的小结，划出了又一道完美的生命弧线，生命的力量，超越了年龄的羁绊。

2007年10月11日，在杨槱90寿辰的聚会上，九三学社上海市委第四任主委，后任上海市副市长的赵雯发表了热情洋溢的讲话：

在这金桂飘香、风和日丽的仲秋时节，我们欢

2010年赵雯探望杨槱夫妇

聚一堂，庆贺杨老先生九十寿辰暨《话说中国帆船》出版发行，对此，我代表九三学社上海市委向杨老表示热烈的祝贺与衷心的祝福！

杨槱先生是中国科学院资深院士，我国著名的船舶工程专家，从上个世纪40年代至今六十余年，耕耘在船舶设计与教学事业园地上，是中国船舶设计学科的开拓者，是中国造船科技发展史研究的奠基者，在造船界杨老声誉显赫。造船已是杨老生命中的一个重要组成部分。早在上世纪60年代他就撰写《中国造船发展简史》，推动了我国造船史的研究工作；以后他又撰写了《近代和现代中国造船发展史》、《早期的航海活动与帆船的发展》等书稿与论文；今天，杨老在九十高龄出版了《话说中国帆船》，他以科学方法对造船史进行研究，对我国现代船舶科学技术的发展有着重要意义。

“文革”期间，他被作为“反动权威”受到批判。改革开放新时期后，他精神振奋，更加努力地投身于现代化建设，他继续从事船舶设计研究工作和指导硕士、博士生，为我国造船业培养了众多的高级技术人才，可谓桃李满天下。不久前我国某地要建造郑和下西洋时的仿古木船，九十高龄的杨老还孜孜不倦地为他的学生们出谋划策，提出真知灼见，令同行们叹为观止。正所谓“老骥伏枥，志在千里，烈士暮年，壮心不已”。

半个世纪以来，杨老先生心中还有一艘情有独钟的“大船”，这就是统一战线多党合作风雨同舟的巨轮。在与中国共产党肝胆相照、携手并进的航行中，杨老先生以其忠诚、坚定和始终如一的人格力量成为多党合作的楷模，从而获得了社会各界人士广泛的尊重。

杨槱先生1956年加入九三学社，1986年至1996年担任九三学社上海市委的主任委员，他是八届、九届九三学社中央副主席，六、七、八届的上海市政协副主席。在长期担任九三学社领导职务期间，他始终与中国共产党同心同德，团结与带领九三学社各级组织和广大社员，积极履行参政议政、民主协商、民主监督职能，坚定不移地走中国特色政治发展道路，为上海的改革开放和现代化建设，为上海九三学社的发展做出了重要贡献。

作为九三学社上海市委连续三届的主委，杨老先生是改革开放新时代承上启下的领头人，是我社历史形成的一位旗帜性人物，是民主党派政治交接中的榜样力量。

杨老虽然已九十高龄，但现今仍能经常去交大办公室上班，他仍关心着九三学社的工作，这令人倍感惊喜。看他满头黑发，依然显得年轻，正所谓夕阳与朝霞一样灿烂！

有伟人诗曰："自信人生二百年，会当水击三千里"，现代社会的昌盛和科学的迅猛发展正不断地把过去人们的理想变为现实。

2009年，荣誉与鲜花继续向92岁的杨槱走来：

5月初，为庆祝中华人民共和国成立60周年和纪念上海解放60周年，由上海248万市民参与评选的"60年来为上海的建设与发展做出突出贡献的典型人物"名单隆重公布，杨槱是这总共60位的上海"群英谱"中的一员。

7月1日，在大连举行的"中国航海日大会"上，"航海教育贡献奖"授予了德高望重的杨槱。（共8人获奖）

9月28日，杨槱获得上海市科学技术协会授予的"上海杰出科技人物"称号。

2010年6月22日，在历经百年沧桑的交通大学徐汇老图书馆，杨槱与陈伯真合著《人、船与海洋的故事》一书首发式暨杨槱奖学金捐赠仪式举行。

已经70岁的他的学生来了，70岁左右自称为"孙子辈”的他的学生的学生来了，更有不少自称“曾孙辈”的学生也来了，被众人称为“老祖宗”的杨槱俨然是一座高山，在这巍巍山巅之上居然又会长出一棵新苗——这本新完成的30万字的《人、船与海洋的故事》又在每个与会者怀中散发着淡淡的幽香。

在这个老年人最需要被关爱的时代，杨却以自己惯有的方式关爱他人，他当场宣布，捐赠50万元，作为“杨槱奖学金”给予他半个多世纪走过的交大船建学院、上海杉达学院及嘉兴南洋职业技术学院，以资助那些最需要关爱的学生。

13年前，当杨80大寿时，他曾经捐献10万元作为交大船舶与海洋工程学院的奖学金。

40年前，“文革”期间，杨在安徽凤阳“五七”干校下放劳动时，50岁的他曾偷偷地去邮局给贫困的农户匿名寄过钱，尽管他当时很穷。

杨槱不是暴发户，不是老板，不是巨星、明星，他只是一名教师、学者、科学家，他靠工资谋生。他这样说：“我早已进入共产主义了，我吃什么都有，穿也足矣，我的钱都是交大给的，国家给的，多了没用，哪里来还到哪里去，我这是还给学校，还给社会，能对教育事业尽绵薄之力。”

或许对于已经走过95年漫漫生活长路的老人来说，

2010 年 6 月 20 日在《人、船与海洋的故事》首发式上发言

荣誉、成就、财富只是人生轨迹的一种符号，犹如船尾翻卷远去的形态各异的浪花。

“芃芃棫朴，薪之櫄之”，先祖的呐喊已回响千年，这种燃烧，这种呼唤，是生命的接力，是精神的传承，一位正迈向百岁的老人，用一团烈火，竖起了一座丰碑。

附录　杨槱主要著作

1. 杨槱. 川江枯水船的稳性. 中国造船工程学会年会论文，1944
2. 杨槱. 川江船型之检讨. 中国造船，1948（1）
3. 杨槱. 造船工程之生产计划与管制. 中国造船，1948（2）
4. 杨槱. 船舶打捞施救. 中国造船，1950（4）
5. 杨槱. 对造船高等教育的一些意见. 中国造船，1958（1）
6. 杨槱. 远洋货船船员居室布置. 中国造船，1958（3）
7. 杨槱. 关于船舶稳性研究. 船舶稳性研究论文集，1960
8. 杨槱. 船舶静力学，北京科学教育编辑室. 1962
9. 船舶概论. 上海交通大学船舶制造教研室. 1962
10. 杨槱. 中国造船发展简史. 中国造船工程学会1962年年会论文集，国防工业出版社，1962
11. 杨槱. 散货船设计. 上海交通大学船舶制造系教材，1973

12. 杨槱. 英汉舰船科技词汇. 国防工业出版社，1975
13. 杨槱、裘泳铭. 干货船主要尺度分析. 上海交通大学学报，1978（1）
14. 杨槱. 造船史话. 上海科学技术出版社，1979
15. 海洋货船设计集成程序研究工作报告. 交通部上海船舶设计院、上海交通大学、六机部十一所. 1979
16. 杨槱. 工程经济在船舶设计中的应用. 上海交通大学船舶工程系教材，1980
17. 杨槱. 关于船型经济论证的几个问题，船型技术经济论文集. 交通部上海船舶运输科学研究所. 1980，5
18. 杨槱、秦士元、胡毓达. 干货船主要尺度的最优化计算. 中国造船，1981（1）
19. 杨槱. 运输船舶发展史. 上海交通大学科技情报室，1981
20. 杨槱、张仁颐. 多用途干货船主要尺度的确定和经济论证. 上海交通大学学报，1982（3）
21. 杨槱. 对泉州湾宋代海船复原的几点看法. 海交史研究，1982（4）
22. 吴忠骁、杨槱. 运输系统论证中的经济指标. 交通部交通运输系统经济论证讨论会论文，1982
23. 张钧、程明道、杨槱. 单桨船有效功率估算方法的一些考察. 造船与海洋工程新发展讨论会论文，1982

24. 杨槱. 海洋油田开发的工程评价和经济评价. 教育部海洋工程技术咨询委员会预备会议论文，1983

25. 杨槱. 海洋开发和海洋工程. 海洋工程创刊号，1983

26. 杨槱. 郑和宝船究竟有多大. 文汇报，1983.10.10

27. 杨槱、辛元欧、王仁雄. 中国船舶工程四十年. 中国造船工程学会成立四十周年学术讨论会论文，1983

28. 计算机辅助船舶报价系统 (SPES—I 型) 研制总结. 中国船舶工业总公司六一一研究所. 1984

29. 枝城水泥厂散装水泥长江运输船队技术和经济分析. 上海交通大学船舶及海洋工程研究所. 1984

30. 进口磷酸船舶运输系统的技术和经济分析. 上海交通大学船舶及海洋工程研究所. 1984

31. 秦士元、杨槱、裘泳铭、张仁颐. 船舶运输和海洋工程系统分析探讨. 上海交通大学船舶及海洋工程系，1984

32. 上海海洋石油开发调研、预测论证报告. 上海市十五年（1986~2000）科学技术发展规划调研、预测论证报告集. 1984

33. 杨槱、张仁颐、仰书纲. 电子计算机辅助船舶设计. 上海交通大学出版社，1985

34. 杨槱. 世界海洋开发的趋势. 我国海洋开发战略研究论文集，1985

35. 杨槱. 漫谈海洋开发与海洋工程. 船舶与海洋工程，1985（8）

36. 杨槱. 突飞猛进的海洋工程. 舰船知识，1985（8）

37. You Yang, Yongming Qiu, Renyi Zhang, Shugang *Yang*. Progress of Computer Aided Ship Design in China. *Journal Shipbuilding of China*. 1985.

38. 杨槱. 早期的航海活动和帆船的发展. 中国造船工程学会船史研究会第三次学术讨论会论文，1985

39. 杨槱. 郑和下西洋所用的船舶. 郑和下西洋论文集，人民交通出版社，1985

40. 杨槱. 海洋开发工程的经济论证. 中国海洋工程学会第二次代表大会暨海洋开发战略讨论会论文，1985

41. 杨槱. 郑和下西洋宝船的进一步探索. 船史研究，1986（2）

42. 杨槱. 我国海洋石油开发的现状与展望. 江南造船厂建厂120周年中外专家报告论文集，1986

43. 杨槱. 回忆抗日战争时期的重庆造船. 重庆造船，1988

44. 杨槱. 缅怀叶在馥老师. 叶在馥先生诞辰一百周年

纪念专刊，1988

45. 杨槱．船舶工程辞典．国防工业出版社，1988

46. 李湛、杨槱．江海直达船的适航性与经济性．中国航海，1988（1）

47. 李湛、杨槱、秦士元．长江外贸江海直达运输的预测．系统工程，1988，6（4）

48. 杨槱．第二次世界大战期间的舰船损害管制训练．海军工程学院学报，1989（2）

49. Zhan Li, You Yang. *System Analysis of River-Sea Container Transportation for Overseas Trade in the Yangtze Valley. Marine Technology,* 1989, vol. 26, no. 4.

50. 杨槱．蓬莱古船与登州古港．大连海运学院出版社，1989

51. 杨槱．长江船型的回顾与展望．长江船型开发研究论文集，中国造船工程学会．1989

52. You Yang. *The Transportation System of Shanghai. Bulletin of the University of Osaka Prefecture,* Series A vol. 39, 1990.

53. Zhan Li, You Yang. *Research on the Development of Containership Fleets Among the Coast and the Yangtze River Ports. International Shipbuilding Progress,* 1990, vol. 37, no. 412.

54. Zhan Li, You Yang. *Development of Containership Fleets for the Yangtze River and Short Sea Transport. Transactions of the Royal Institution of Naval Architects,* part B, 1991, vol. 133.
55. You Yang. *On Study of Ancient Sailing Ships. International Sailing Ships History Conference,* Shanghai. 1991.
56. 潘海啸、秦士元、杨槱. 优选我国沿海煤炭运输系统特征元素的对策. 上海交通大学学报，1991（4）
57. 李湛，郑险峰，杨槱. 运输船队系统分析的一种模糊数学规划模型. 上海交通大学学报，1991，第 2 期
58. 杨槱. 对船舶设计的回顾与展望. 江南船舶设计，1991（2）
59. 杨槱. 当代中国船舶工业. 当代中国出版社，1992
60. 杨槱. 对上海港建设的几点看法. 上海市科学技术协会高级顾问委员会建议汇编，1992
61. 林焰、杨槱、纪卓尚、李树范. 船舶主要尺度神经优化分析. 中国造船，1993（4）
62. Xinlian Xie, Zhuoshang Ji, You Yang. *Nonlinear Programming for Fleet Planning. International Shipbuilding Progress,* 1993, vol. 40, no. 421.
63. 林焰、纪卓尚、杨槱. 船舶总布置设计仿真软件系

统. 中国造船工程学会 CAD、CAM 学组年会论文，1993

64. 钱鸿、贾复、杨檩. 渔船队营运仿真. 辽宁省造船工程学会学术会议论文，1994

65. You Yang. *Economy and Utility of Ships for River-Sea Through Traffic-Some Studies Made in China.* Duisburger Kolloquium Schiffstechnik / Meerestechnik, Duisburg. 1994.

66. You Yang. *Greeting Words.* International Conference of Ships and Transportation in River，Zhenjiang，China. 1994.

67. 杨檩. 对两种内河船设计的一些意见. 江南船舶设计，1994（4）

68. 林焰、杨檩、纪卓尚、戴寅生、李树范. 油船主船体隔舱划分的神经网络专家系统. 中国造船，1994（3）

69. 杨檩. 中国近代舰艇工业史料集. 上海人民出版社，1994

70. 钱鸿、贾复、杨檩. 渔船规划模型. 中国造船，1995（2）

71. 钱鸿、贾复、杨檩. 渔船有效性的估算与预测. 船舶工程，1995（3）

72. 钱鸿、贾复、杨槱. 赴多渔场作业的最佳拖网渔船船型. 船舶工程，1995（2）
73. 杨槱. 采用有力措施发展内河航运. 内河船舶设计与航运技术，1996
74. 杨槱. 船舶设计的三项重要任务. 上海造船，1997（1）
75. 杨槱. 对振兴船舶工业的几点意见. 上海造船，1997（2）
76. 杨槱. 帆船史. 上海交通大学出版社，2005
77. 杨槱. 轮船史. 上海交通大学出版社，2005
78. 杨槱. 郑和下西洋史探. 上海交通大学出版社，2007
79. 杨槱、陈伯真. 话说中国帆船. 上海科学普及出版社，2007
80. 杨槱、大航海时代. 少年儿童出版社，2008
81. 杨槱、陈伯真. 人、船与海洋的故事. 上海交通大学出版社，2010